序

沈北海

东盟（ASEAN）是东南亚国家联盟（Association of Southeast Asian Nations）的简称。其成员有印度尼西亚、马来西亚、菲律宾、新加坡、泰国、文莱、越南、老挝、缅甸、柬埔寨等10个国家。随着中国与东盟友好关系的不断提升，国人对东盟各国加深了解的愿望越来越迫切。为迎接中国—东盟建立对话关系十五周年纪念峰会和第三届中国—东盟博览会、第三届中国—东盟贸易与投资峰会，满足人们全面、系统地了解东盟各国历史文化的需求，进一步促进中国和东盟的经贸、文化、旅游的发展，广西民族出版社组织出版了《东盟十国文化丛书》。

文化是民族的灵魂。当今世界，文化在国家和地区的发展中占有越来越重要的地位。2005年12月12日，温家宝总理出席中国与东盟领导人年度会议时提出把交通、能源、文化、旅游和公共卫生确定为双方新的五大重点合作领域。文化正式作为合作专项，丰富了双方合作的内容。建立中国—东盟自由贸易区不仅要求生产要素的流动，也需要文化要素的交流。加强中国与东盟的文化交流与合作，可以建立一个稳定的文化磁场，促进多边物流、人流的畅通。中国与东盟的文化贸易的双向输出或输入，还将为各自的文化产业发展提供更广阔的市场空间。《东盟十国文化丛书》正是鉴于文化在当今世界扮演的重要角色，以及在中国—东盟自由贸易区建设中的重要作用，而把关注的焦点聚集到东盟十国的文化层面上的。这也是我国第一套比较系统地介绍东盟十国文化的丛书。

一百多年来，西风东渐，我们对远离我们的欧美国家的了解日渐增多。相比之下，我们原来比较熟悉的东盟国家于我们而言反而陌生了。展示其文化特色，发掘其独特魅力，成为这套丛书的一大特点。丛书的作者是一批作家，他们不仅对东盟十国文化有深入的认知，而且有生动的表达，再加上精美的图片和装帧，称得上是学术内涵与文学艺术的有效结合，其阅读真正是轻松惬意的文化之旅。打开这套丛书，你会发现一个绚丽多彩的东盟，发现东盟十国文化的源远流长、博大精深，发现东盟十国人民的独特性格和心灵秘密，还有东盟十国历史上与中华民族的友好交往和相互影响。

丛书的出版，对于增进中国和东盟的文化交流与合作，促进中国—东盟自由贸易区的建设，其作用是不言而喻的。

2006年6月6日

Preface

by Shen Beihai

ASEAN is short for The Association of Southeast Asian Nations, which is made up of ten member countries, namely, Indonesia, Malaysia, the Philippines, Singapore, Thailand, Brunei Darussalam, Vietnam, Laos, Myanmar and Cambodia. With the development of the relationship between ASEAN and P.R. China, Chinese people are eager to learn more about the members of the association. In order to celebrate the 15th Anniversary of China-ASEAN Dialogue Relations and to welcome the third China-ASEAN Expo and the China-ASEAN Business and Investment Summit, the Guangxi Nationality Publishing House has published a book series named *The Cultures of Ten ASEAN Countries* which completely and systematically introduces readers to the history and culture of the ten countries. The series will satisfy those people who want to get a thorough understanding about the culture and history of these countries, and will certainly strengthen ties in business, culture and tourism industry between China and ASEAN countries.

Culture is the soul of a nation, and it plays an increasingly important role in the development of a country or area. On December 12, 2005, Chinese Premier Wen Jiabao proposed that transportation, energy, culture, tourism and public health be made the five new key areas of China-ASEAN cooperation during the China-ASEAN summit. Culture has officially become a special area of cooperation, which will surely enrich the contents of the cooperation. The establishment of the free trade zone needs not only the flow of production factors but also the exchange of culture. Cultural cooperation and exchange between China and ASEAN can build a stable and attractive cultural area which will pave the way for commodities and personnel flow. The active exchanges in culture between China and ASEAN will provide both sides with a prosperous market for cultural industry. Since culture plays an important part in the modern world and the process of building up the China-ASEAN free trade zone, *The Cultures of Ten ASEAN Countries* will focus on various aspects of culture in these countries, and be a valuable series systematically introducing the culture of ten ASEAN countries to the world.

For more than a century, we have gradually become acquainted with the western countries which are far away from us, but by contrast we have become estranged from our neighbors. This series, written by a group of famous writers who know the cultures and customs of the ten ASEAN countries well, are well designed to introduce readers to the charming characteristics of the people and various aspects of their culture. These books are well-designed and illustrated with many fine images from these countries so that you can find them a good channel to get to know more about the people, their long history and rich cultural traditions, and the close relationship between China and her neighbors which has lasted for hundreds of years.

This series will significantly and greatly help to promote cultural exchange and cooperation between China and ASEAN member countries and help to accelerate the building of the free trade zone.

June 6, 2006

目录

第一章 海上星辰

第二章 人在岛国

第三章 底蕴斑斓

第四章 礼仪之美

第五章 赤道留痕

第六章 曼妙时光

INDONESIA

Hand in Hand with the Largest Archipelago

Contents

Chapter Four Traditions and Customs

Chapter Five National Historical Heritage

Chapter Six The Joy of Life

第一章　海上星辰

赤道似乎觉得这万颗星有些零碎，就把自己当绳索了，把它们串了起来，便成一串星星索，地球上就有了一个站立在亚洲和大洋洲交界处的“万岛之国”——印度尼西亚。

好一串星星索

请跟我来，好吗？且把目光交给赤道、岛屿、海洋，行吗？你看见了吧，万千岛屿，错落有致地躺在太平洋和印度洋深邃的怀抱里，闪光，发亮，像宝石。赤道似乎觉得这万颗星有些零碎，就把自己当绳索了，把它们串了起来，便成一串星星索，地球上就有了一个站立在亚洲和大洋洲交界处的“万岛之国”——印度尼西亚（简称印尼）。

这个国度，介于北纬6°8′至南纬11° 15′、东经94° 45′至141° 65′之间。南北宽约1888千米，东西长约5110千米，约占赤道总长的八分之一，陆地面积为190多万平方千米，目前人口约有2.4亿，是东南亚面积最大、人口最多的国家。

“印度”一词在梵文中是“海”的意思，而“尼西亚”来自希腊语，是“岛屿”的意思，印度尼西亚即为“海岛国”。据1997年1月印尼国家测绘局重新登记核实后宣布的数字，印尼全国共有大小岛屿17508座，其中已经命名的有5700座，未命名的11808座。这些岛屿中，有人居住的约6000座。

多巴湖

万岛之中，排在前五位的岛屿，面积都在10万平方

极富传奇色彩的印尼婆罗摩火山以沙海闻名，海拔2392米，日出美景如画

千米以上。第一大岛——加里曼丹岛（南部），遮天蔽日的热带雨林和原始森林覆盖了岛上70%的地域。第二大岛——苏门答腊岛，有橡胶、油棕、烟草、胡椒、椰子、剑麻以及石油、锡，产量几乎都在全国之首，因此，又有“希望之岛”的美名。第三大岛——伊里安岛（西部），资源丰富，但是尚未开发，因此被誉为“未雕琢的宝石”。第四大岛——苏拉威西岛，岛的形状像汉字“斤”，又像一朵幽雅的兰花。第五大岛——爪哇岛，以深厚的历史文化底蕴闻名，该岛包括其东北部的马都拉岛在内，虽只占了全国总面积的7%，却容纳了全国65%的人口，从而使该岛成为世界上人口最稠密的地区之一。

因为岛多，所以印尼内海及海峡也多。南中国海、爪哇海、班达海、

万隆火山还在冒烟

默拉比火山和日惹市郊

阿拉弗拉海、苏拉威西海、佛洛勒斯海、马鲁古海、哈马黑拉海、萨武海、巴厘海……大海，小海，数不胜数。海峡的情形也相似，在苏门答腊岛与马来半岛之间，有马六甲海峡。这个素有“海上生命线”之称的海峡，由印尼、马来西亚和新加坡共同管理。此外，在苏门答腊岛和爪哇岛之间，有巽他海峡；在巴厘岛和龙目岛之间，有龙目海峡；在加里曼丹岛和苏拉威西岛之间，有望加锡海峡；在苏拉威西岛西北部与哈马黑拉之间，有马古鲁海峡……这些海峡，都是沟通太平洋和印度洋的海上通道，战略地位十分重要。

马哈坎河

印尼地处太平洋西岸的火山带和地震带，大大小小轻轻重重的自然异动，都会以最敏感的方式，传递到岛国人的一呼一吸间。在印尼，除了加里曼丹岛外，各大岛屿都有活火山。目前，全世界共有800多座火山，印尼占去400多座。其中，全球有活火山212座，印尼就有128座。不仅火山数量居世界首位，火山爆发强度也稳坐榜首。这“榜首”谁都不愿意摊到自己头上，摊上了，也是没有办法的事情。印尼人幽默地自诩是一个骑在龙背上的国家。人在龙脊上，唯有顺其自然。“龙”一长啸，他们就叹息两声，“龙”一发怒，那就只好受点罪。聪明的选择，就是留取平常心，随遇而安。

好在有失必有得。火山地震虽然给印尼带来灾难，但是也带来肥沃的土壤和壮美的风景。就有这样一则传说：一老者，进邻家，手杖就傍着篱笆搁着，聊天聊高兴了，回家就忘了手杖，第二天去取，手杖已经生了根，发了芽。传说虽夸张，却传神。印尼土壤肥沃，气候宜人，为物种提供了生生不息的环境。

印尼像个物种博物馆。要是有闲心，给这些热带、亚热带动植物列个清单，就会发现，印尼的开花植物有1.5万种，蕨类1500种，竹类250种，棕榈类150种，哺乳类动物650多种，禽类2000种，爬行类624种……队伍庞大，种类齐全，就有一些成了世间少有的稀奇古怪。比如，苏门答腊的密林中生长着世界上最大的花——直径超过1米的大王花，一朵花就有6～7公斤重，这样的一朵花，让你拿你肯定是拿不稳当的，只能捧着；分布在科莫多岛

巴厘岛海神庙

及其附近的史前动物——恐龙的远亲、身长3米的科莫多巨蜥，爱这个世界爱得天长地久——在这个地方生活、繁殖了400万年；印尼近海水域里生长着的懒鱼，好像静止不动是它来世间的唯一目的，你看见的永远是它附吸在其他物体上的懒惰模样；与此相反，有的鱼又过分活跃，它们常在浪花上面腾跃。

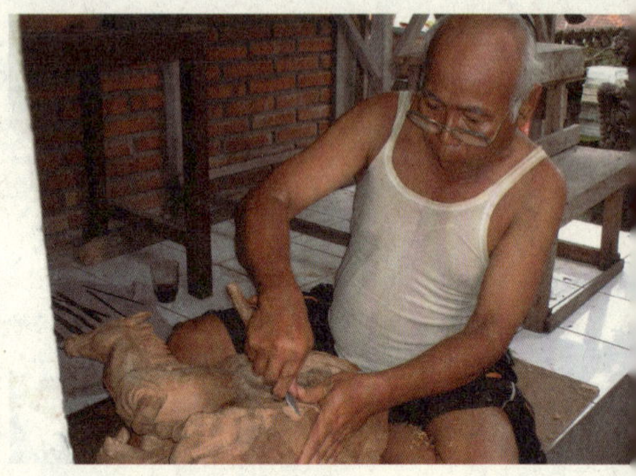
精雕细刻

物富人丰。正因如此，印尼人才生活在知足者常乐的闲散中。人们耕田，好像用不用肥料都无所谓了，反正撒下种子就肯定会收获五谷。人们下海，也不管捕捞工具是否世界一流，反正只要肯花力气去捕捞，小虾米大肥鱼就会跟着上岸。高兴起来，也发个火箭上天，好比是让在海洋怀抱里躺腻了的星星，偶尔重返天空老家遨游一下。剩下的日子，就听戏，就跳舞，耳朵上别一朵花，日子也甘美，也舒适，无忧亦无虑。

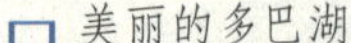
美丽的多巴湖

古老而年轻

这是个古老而年轻的国家。

印度尼西亚的名称，最早出现在1850年。不过，英国学者罗甘提出的是一个地域概念，其所包括的范围大大超过了现今印尼的疆域。直到1945年，印度尼西亚在独立宣言中，正式采用印度尼西亚作为国名，从而使这一国家名称具有了法律地位。但是，印尼本土的历史文化，却是从很古老的年代就开始了。

大象与骷髅，印尼博物馆藏品

美丽的梭罗河流域，是世界原始人类的发源地之一，也是人类最古老的居住地之一。19世纪末，考古学家带着发掘秘密的好奇心踏上了热带岛屿，果然，在爪哇找到了180万年前的古人类（直立人）遗物。

大约从公元前4万年起，生息于印尼土地上的尼格罗人、维达人和美拉尼西亚人进入了氏族社会。他们用坚硬的石头、动物的骨和角做成器具，采集树上的浆果，狩猎林间野兽，捕捞水中鱼虾。那是又遥远又漫长的旧石器时代，生活就是生着，活着，满足口腹欲望。大约从公元前3000年起，印尼进入了新石器时代。岛国居民，在日复一日的劳作中，点点滴滴地积累智慧，慢慢地就懂得了根据雨水变化来种植水稻，用美丽的雕刻装饰木屋石器，在亲手制造的陶器和生产的纺织品里，重现了双眼察觉到的细微美丽的图案，比如在素面的陶器和织物上，添上像花、像旋涡、像鸟、像

鱼、像船的花纹。甚至，举足向海，学会了在季风和信风季节里出海航行。

公元前2世纪后半叶，现今印尼的国土上，出现了最早的奴隶制国家。公元3～7世纪，相继出现了达鲁马、古戴、婆尼、马来由等分散的小王国。

到了7世纪，苏门答腊岛上崛起了印尼历史上第一个最强盛的封建国家——室利佛逝王朝。它凭借得天独厚的海运枢纽优势，成为东南亚的海上霸主和佛教文化中心。王朝与中国睦邻友好，商旅舟楫穿梭频繁。据阿拉伯人苏来曼的《印度—中国行记》载，“其王管领岛屿甚多，远至千程之外”；马苏迪《黄金草原》中称之“居民众多，疆域辽阔，军队无数”。11世纪后，室利佛逝王朝急剧衰落。

优美动听的印尼民歌《美丽梭罗河》，让梭罗河成为令人神往的地方

在室利佛逝王朝同一时代，中爪哇存在着一个佛教盛行的王朝——夏连特拉王朝（公元760~860年）。这个王朝给世界留下了一个东方奇迹——著名的婆罗浮屠佛塔。

10世纪后，东爪哇成为政治文化中心。从公元907年马打兰王朝建立到麻喏巴歇王朝走向衰亡，长达5个世纪的时间，史称“印度文化影响时期”。期间，新柯沙里国王的女婿威查亚，平定复辟势力，建立了印尼历史上版图最广大、国势最强盛的封建王朝——麻喏巴歇王朝，大体上奠定了现今印度尼西亚的版图。公元1349年，汪大渊在《岛夷志略》中记载：“其田膏沃，地平衍，谷米富

婆罗浮屠佛塔一角

婆罗浮屠佛塔

饶，倍于他国。”对外贸易也相当发达，其农产品、香料、手工业品和木材源源不断地运往中国、印度和中南半岛各国。

商业的发展，使得港口城市如雨后春笋应运而生。14～15世纪，伊斯兰教在这些沿海城市立足，商港的领主用伊斯兰教作为精神武器，来对抗信奉印度教的麻喏巴歇王朝。内忧，加上外患，举步维艰的麻喏巴歇王朝在困境中如一轮辉煌落日，滑下顶峰。不久，苏门答腊北端出现第一个伊斯兰教王朝——须文答剌—巴赛王朝，小国林立的局面便重现，伊斯兰教也逐渐地取得了统治地位。

从15世纪起，葡萄牙、西班牙、英国先后盯上了印尼盛产的东方香料，争夺由此而起。16世纪末，荷兰建立了“荷属东印度”殖民地，开始了对印尼长达三个半世纪的殖民统治。第二次世界大战中，日本占领印尼。1945年日本投降后，印尼爆发八月革命。8月17日，苏加诺代表印尼人民向全国和全世界宣告印度尼西亚共和国成立。在这之后，英、荷、美等国曾千方百计想把印尼民族解放运动镇压下去，期间，印尼曾与荷兰组成荷兰—印度尼西亚联邦，承认荷兰女皇为元首。1950年，正式宣布成立统一的印度尼西亚共

和国。但直到1954年，印尼阿里政府才宣布取消荷印联邦关系。1963年，印尼收复被荷兰占领的西伊里安，建立了伊里安查亚省，从而彻底实现了国家的统一。

雅加达印尼总统府的卫兵

回首路漫漫。在经过了漫长而曲折的民族融合和国家统一的发展历程之后，印尼走到了今天——各个方面稳步发展，经济实力日益增长，在世界上，尤其在东南亚地区的作用和影响日益提高，并且越来越受到国际社会的关注。相信，印尼的明天会变得更美好！

棉兰王宫

沧海变迁

笑容灿烂的印尼少年

在印尼土地上生息的100多个民族，给人留下了曾经沧海的印象。人在岛国，习惯了海风吹，尝尽了海水涩，看透了天苍茫。渐渐，也变得乐观、温和、淳朴、坚韧，遇事大家协商，各尽所能的互助。

跋涉的旅程，从180多万年前已经开始了。梭罗河畔，树上鸟，林中兽，草中虫，伴着头部眉脊突出且左右相连的原始爪哇人，望着同一个月亮睡觉，晒着同一个太阳醒来。

生生不息其实并不容易。

到如今，考古学家在研究发掘到的爪哇猿人遗骨时发现，他们与今伊里安岛各民族，澳大利亚、新西兰的毛利族人的祖先是同一人种。但，至今也没有找到过爪哇猿人后代的遗骨。这就很奇怪了：远古爪哇猿人究竟到哪里去了？是遭遇了人力无法抗衡的天灾，让他们如同蒸发的水汽，在瞬息间，销了声，匿了迹，绝了代，连零星骨骸都没能够存留人间？大大小小上万个岛屿，一夜间似乎又恢复为诱惑人的处女地。只有伊里安岛是个例外。

——果真这样的话，印尼的100多个民族，绝大多数都是外来移民的后代了。人们或早或晚地相中了这些被海洋阻隔的岛屿，带一身力气，携一身智慧，漂洋，过海，来了，就留下了；种子落入沃土，开花之后便结果，天长日久，也长成了参天大树。

日惹的三轮车夫

最早，在第四纪冰河时代以前就已经踏上岛国的，是从现在的斯里兰卡迁移到印尼的吠陀人。他们个子矮小、眼窝深陷、皮肤褐色、头发卷曲，现在其后裔人数并不多，人们称其为印尼的原始民族。比如，主要居住在苏门答腊岛占碑省的武吉都阿帕拉斯山的库布族，现在是印尼人数最少的民族，据1991年统计数字，人口为900~1000人。他们中的多数，依然在深山老林间敏捷地追寻猎物的踪迹，女人们则采集水果、挖掘根茎。

公元前3000年，印尼群岛上迎来了移民新浪潮。这些来自亚洲大陆的移民，身材瘦高、圆脸庞、皮肤浅褐色、头发或卷或直，被称为原始马来人。不知何故，这些后来者反而能够立足沿海，而把先前的土著人挤到荒僻的深山。

又过了数千年，到了公元前1000~300年间，印尼群岛再次迎来了一批批和原始马来人同一人种的移民。他们被称为续至马来人。无独有偶，他们也把原始马来人赶进了深山内地。所谓的赶，大约是彼此相争，后来者凭借所带来的先进生产工具与防卫

松巴岛上Pasola仪式骑手

武器，就占据了优势，故而胜出一筹。如今，生活在苏门答腊岛的巴达族、加里曼丹岛的达雅族、苏拉威西岛的多拉查族，便是先期到达的马来人的后裔。而爪哇、巽他、马都拉、布吉斯、望加锡、巴厘、马来、米南加保等民族则是续至马来人的后裔。

印尼人的生活里少不了音乐

时间一长久，大家都在固定的岛屿各自的地盘安定了下来。同一个民族的人，同根同祖，为了齐心，人们恪守本民族的传统文化，在沿袭本民族的风俗习惯中留驻本色。同时，为了和平共处，生活愉快，各民族间，也学会了彼此尊重。

最后，来自不同背景文化的人们，就组成了一个多民族的、多元文化相互融会的国家。

载客人力三轮车——客人坐前位，车夫在后

殊途同归的约定

印尼以约2.4亿人口的数目跻身世界第四人口大国。上百个民族，上百种背景，上百样文化，各民族语言和方言加起来有583种，散居在约6000个岛屿上的人们，在星罗棋布的17000多个岛屿上耕耘劳作，彼此之间，隔山，隔河，隔海……但是，他们像创造奇迹一样创造了各民族的共同语言——印度尼西亚语。这样，你就能够知道我的甘苦，我也会理解你的悲喜，彼此间，可以知冷知暖，可以心意相通，可以相亲相爱——这就是印尼。

印尼人是十分懂得兼容并蓄的，有时候，仅仅是你居河东，

自由清真寺

雅加达天主教堂

雅加达自由清真寺的走廊

我居河西，心中喜好与信仰亦会大相径庭。但是，这也没关系，正像他们那句著名的谚语——“不同的田里有不同的蝗，不同的塘里有不同的鱼。”因此，印尼的文化也包罗万象。

爪哇族痴迷皮影戏、音乐、舞蹈；巽他族酷爱格来克木偶戏、板顿诗、斗羊；巴厘族迷恋斗鸡、雕刻、编织；马都拉族爱好斗牛和赛牛；布吉斯族和望加锡族擅长航海经商；米南加保族仍旧喜欢保留母系氏族社会的习惯生活；达雅族和多拉查族依然刀耕火种……此外，还有数百万已加入了印尼国籍的华人、阿拉伯人和印度人，他们的影子，依然烙刻着各自民族的印记，然而身心早把异乡当故乡来爱了……这也是印尼。

印尼全国87.2%的人口信奉伊斯兰教。虔诚的穆斯林，每天祈祷5次。礼拜五到清真寺礼拜，一年斋戒一个月，日夜背诵《古兰经》。有条件的，尽可能到麦加朝觐。而笃信巴厘印度教的巴厘人，愿意把生活中的许多时间花在祭祀善神恶鬼上，一日三餐在案台上供奉的，吃的喝的和养眼的鲜花一样都不缺。当然，也有信奉佛教、新教、天主教、孔教、道教、原始宗教等，这是每个人的自由。这个国家，政教是分离的，多元宗教并存的，人人都可以信教，但是虔诚的程度却可以随你自己来选择——这同样也是印尼。

佛塔一角

在这个国家的国徽上，用古爪哇文书写着印尼的格言——“殊途同归”。根据印尼历史记载，这是700多年前的博学之士木丹都拉尔所写故事的结论，蕴含着“多义的统一”、“异中求同”的意思。从复杂的、不同的道路走到一起，并且向着同一个目标与方向走去！

那么，是怎样的旅途？怎样来同路？寻怎样的归宿？

印度教神像雕塑

读一下印尼的国旗、国徽就知道了。国旗旗面由上红下白两个相等的横长方形构成，红色象征勇敢和正义，还象征印尼独立以后的繁荣昌盛；白色象征自由、公正、纯洁，还表达了印尼人民反对侵略、爱好和平的美好愿望。国徽上的苍鹰，属于神话中的鸟，是各民族喜爱的动物，它的全身是太阳光芒一样的金色，昂首，展翅，象征印尼人民的光荣、胜利和无穷无尽的创造力。鹰的两翼各有17根羽毛，尾羽8根，这是为了纪念印尼的独立日——8月17日；神鹰胸前挂着一枚红白色盾徽，红白色是国旗的色彩；金黄色的五角星代表宗教信仰，也象征“潘查希拉”——印尼建国的五项基本原则；金色水牛头象征主权。枝繁叶茂的榕树，象征人民民族主义在印尼人民心中根深蒂固；棉桃和稻穗，象征富足和公正。金色饰环，象征人道主义和世代相传；盾面上的粗黑线代表赤道，表示赤道穿过印尼领土。

再来听听《印度尼西亚共和国国歌》——“印度尼西亚，我们的国家，满腔热血为你洒。为了保卫我们的祖国，头颅可抛身可杀。印度尼西亚，我们的民族，我们的人民和国家，来吧，让我们一致要求‘统一的印度尼西亚’。祖国万万岁，政权万万

小学生在集会

岁，民族精神不断发扬光大。全国人民团结一致，组成伟大的印度尼西亚。啊，印度尼西亚，独立、自由、伟大，我们亲爱的土地和国家……”

这是激励人心的声音，这是众多民族的声音，这是一个国家的铿锵语言——生活在印尼这片光荣、纯洁而神圣土地上的人民，期待美好生活的心是一样的！

第二章　人在岛国

印尼人常怀感恩之心，所以，他们的许多节日是用来庆祝丰收和表达谢意的。他们感谢田间谷，栏中畜，地上桑，池中鱼……感谢天厚爱，感谢地丰收，感谢日子可以过得衣食无忧。

最虔诚的一个月

□ 印尼传统文化的代表之一：克里斯短剑

伊斯兰教历的1月1日是伊斯兰教新年。伊斯兰教历1月在爪哇历中称为“苏罗”月，“苏罗”月是印尼人尤其是爪哇穆斯林心目中的圣月。圣月里人们回首走过的路途，盘点是非功过，是为了更好地修养身心，让心灵更纯洁，让精神更充实，让自己更好地为小家和大家服务。这时候，该忘的忘，该谅解的谅解，该报恩的报恩……总之，圣月神圣，要心怀坦荡，要心底无私，要一心一意。

圣月里，穆斯林每日虔诚祈祷，还参加各种庆祝和纪念活动。比如，去日惹王宫参加洗金辇仪式，就是一项很有意义的活动。王宫是日惹苏丹的王宫。这座已有近250年历史的王宫，位于日惹市中心，建成于1756年，是由日惹苏丹国首任国王哈孟古·布沃诺（意为宇宙位于我的膝上）一世设计并修造的。印尼独立后，鉴于日惹苏丹在反荷战争中的贡献，决定不废除日惹王国，将其改为日惹特别行政区，仍保留若干特权，采用王位世袭制。原来的王族一家继续住在宫内，宫中仆人依然古装打扮。

洗金辇仪式是在1月的第一个星期二或星期五举行。这天，王宫内外，一派欢乐祥和，主持仪式的是德高望重的宫廷官员。那

日惹的水晶宫

些珍藏的金辇、佳美兰乐器、克里斯短剑、皮影戏傀儡等宝贝，在遮阳伞的庇护下，舒舒服服地躺在盛装女人的肩膀上，一件一件地被小心翼翼地扛到庭院里。宝贝们在储藏室里呆得有些腻味了，现在正好出来呼吸新鲜空气。来自麻喏巴歇王朝的加美兰乐器，来自中国的精美瓷器，镶嵌着英国王冠的皇家车驾，经过清洗与擦拭，越发的光亮耀人。人们相信，这些圣物浸染着国王的灵性与智慧，所以，当仪式在祈祷声中结束，进宫参加仪式的人们捧着盆盆罐罐去盛洗过圣物的浸染了灵气的水。也有人迫不及待地用这些水洗头、擦脸。那些装在盆罐里的，当做贵重礼物带回家，或让一家老的少的沐浴，或浇灌果树，或淋花地，或洒稻田，也不在乎多少。人们认为，只要沾上点灵气，就健康，就消灾，就丰收，就能够得到国王在天之灵给予的精神指引。

在爪哇岛，不少地方圣月要进行海祭。爪哇岛南岸，峭壁挺

日惹苏丹王宫老者

巴厘岛的海神庙

立，风高浪大。出海人认为这是南海女神在兴风作浪，所以，要向女神祭献礼物。送礼也是有讲究的，在巴隆沿海地区，祭献的是五座精美绝伦的轿子，轿子里还要配备女神日常生活需要的诸多物品。在芝拉扎县，人们主要祭献爪哇传统“祭屋”，屋里装着120种礼品：有当地伊斯兰教修养最高的专人宰杀的牛羊的头，有布匹、肩巾、做工精良的牛角梳子、散发迷人芬芳的香水、质地细腻的香粉……总之，为女神的需要着想，肯定要考虑周全，怠慢不得的。海祭的前一天晚上，渔民队伍将礼物抬到了万隆湾的万隆岩上。这里有个石桌，传说中，这是南海女神宝座。她时常在此发号施令。晚间，看守祭屋的是虔诚的穆斯林，他要有足够的心智，不然，怎么表达众人的心意？怎么跟女神的灵魂沟通？怎么转达女神对渔民的寄语？

海祭这天，人们在长老的率领下，面向大海，念经、祈祷。之后，目送彩船驶离海岸，在不远的海面将祭献礼物投入了大海，浪花飞溅。这一刻，人们望着远海，眼神清澈，深深地被自己的心意感动：内心的真诚苍天可鉴，神会懂得自己的，也会护佑自己一家的！

印尼海边

亦真亦幻的复仇

印尼的穆斯林妇女

“阿舒拉”是阿拉伯文“第十日”的译音。阿舒拉节是伊斯兰教穆斯林哀悼伊斯兰教创始人穆罕默德的外孙侯赛因遇难的重要纪念日。这个节日，时间在伊斯兰教历1月10日。

世界各国穆斯林纪念阿舒拉节的方式各不一样，在阿拉伯世界，什叶派穆斯林在这一天要举行号丧会，吃悲痛饭，埃及的穆斯林则在这一天吃甜食。印尼人在阿舒拉节这一天，要吃用大米、花生、嫩玉米和椰浆煮的杂粥，举行各式各样的纪念仪式。其中，西苏门答腊地区穆斯林的纪念方式尤为特别——举行“塔布伊”游行。“塔布伊”源自古阿拉伯语，意思是“箱子或者棺材”。据传，侯赛因遇害时被斩成数段，后其遗体被装进棺材，由天马护送到天堂。为了纪念他，人们就在一月的“第十日”抬着棺材游行。

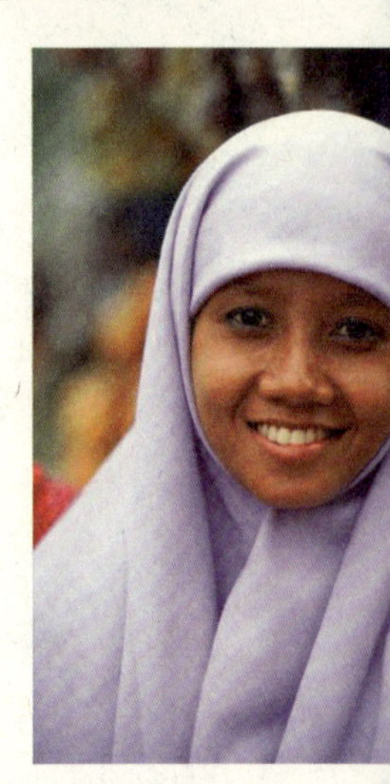

事实上，纪念活动从伊斯兰教1月第一日就开

□ 为方便伊斯兰教徒作祈祷，高速公路休息区也设有祈祷室

始了，一直持续到第十天。

1月1日。一个被选派的人，头戴白色头巾，趁着黄昏或者夜晚，肩负从战场领回侯赛因遗体的神圣使命，静悄悄地去河滩取泥，那泥土是侯赛因遗体的象征。

1月2日、3日。为侯赛因修建“陵墓”，顶部呈半圆形的架子，盖着四层白布，将从河滩取回的泥土塑成半圆状安置在架子下面。

1月4日。匠人制作“塔布伊”。

1月5日。“杀敌复仇”。所谓的“敌人”，其实是一片蕉林。人们在黑夜的掩护下偷袭敌营。手中的砍刀早磨得锋利，刷刷刷，敌人的头颅——蕉叶应声落地。然后，把仇恨的“敌人的尸体”——蕉干，带回去等候发落。

1月6日、7日。“收尸”，“慰灵”。在阵阵哀乐声中，昨夜间砍回的蕉干如同该千刀万剐的敌人尸体被堆积在一起，用来祭奠侯赛因。在“墓”前祈祷跪拜的人们，为侯赛因的离去而痛哭流涕。

1月8日。村民们抬着侯赛因“遗体”巡游，向人们展示敌人的残暴行径。

1月9日。高举“侯赛因的缠头巾”游行，谴责暴行，伸张正义。

伊斯兰教妇女

1月10日。参加仪式的各路人马浩浩荡荡地抬着高大的“塔布伊”在市内游行，送侯赛因升天。“塔布伊”一般有6～8个，每个都重达1吨，得有40个壮汉来扛抬。“塔布伊”一般分三层：底层是1米高的木制底座；中层是以竹木、彩纸、彩绸扎成的面似美女、插着双翼的天马；顶层是由各色纸花组成的大花台。

第十天的仪式是最为隆重的。游行从上午就开始了。紧跟在“塔布伊”后面的锣鼓队把报仇雪恨的情感充分地调动起来了，游行队伍所到之处，群众夹道欢迎。而且，游行队伍越来越庞大，因为那些逃脱大人管辖的天真孩童，煞有介事地紧跟着队伍游行，走得雄赳赳气昂昂。最有趣的是，游行队伍之间，相互把对方视为假想“仇敌”。于是，大街上往往上演着世间队伍最庞大声势最浩大的“骂战”，唇枪舌剑，唾沫飞扬——人们义愤填膺地痛斥对方“杀害了侯赛因”！骂红了眼睛，骂干了嘴巴，骂痛了胸口……夕阳西下的时候，骂战正酣的队伍到达了海滨。在司仪的主持下，一片诵经声中，“塔布伊”被推入大海，升上了天堂。

每年的阿舒拉节，人们都用这样的方式怀念侯赛因。

新年净又静

巴厘岛儿童笑容灿烂

辞旧迎新过新年，“净”常见，“静”少见。印尼巴厘印度教的新年（印度——巴厘历10月1日），就是世间少见的“净又静”的节日，称静居日，或静心节。

过年忙，忙过年。为了过个干净的新年，节前几天，政府部门操心颇多，各级行政长官事必躬亲，现场指挥“三净”：一是净神器，要将宗教仪式的用具抬到河里或者海边洗涤干净；二是净屋宇，这一点与其他国家大同小异，孩童大忙帮不上，此项重任还是能够胜任的，大街小巷，房前屋后，门柱窗桌，通通清扫干净，不然对不起白纸一样崭新的年；三是净宰牲，举行过专门的洗刷仪式后，才开始为宰杀的牲畜洗身。女人们理所当然地忙分内事，制新衣，做糕点，备菜肴。自家人也好，神灵也罢，都是要吃要喝的。男人们，则费不少心思专心制作木偶。这些木偶是担负驱邪逐恶重任的，是要扛着在街巷中游行的，还要评比最受欢迎的木偶形象，所以是儿戏不得的。

要想求得心静，不仅依靠神灵护佑，还要恶鬼不兴妖作怪才行。静居日前一天的清晨，各家抢早在家庙前祭祀。上午，穿着五

印尼迎新年游行

彩缤纷民族服装的人们，头顶供品走在一阵紧接一阵的锣鼓声鞭炮声中，因为，更隆重的祭祀仪式是在村庙中举行的。祭祀之后，乐声悠扬，人们载歌载舞，把激情与欢乐一直燃烧到黄昏。这一天是一年的最后一天，是在狂欢中度过的。狂欢，也是取悦神灵鬼怪的方式。傍晚，太阳从天空中隐退的时候，要举行“送鬼”仪式了。游行的队伍如长河浩荡，被人们扛在肩膀上的龙、狮、鸟、神话中的人物造型、青面獠牙的恶魔木偶组成另一支队伍，在比人头更高的位置上遨游。远远的，就看见一支奇奇怪怪的队伍在佳美兰的音乐伴随中行进。可是，人的表情丝毫不露惊恐畏惧之色，为何？因为他们相信——恶鬼和善神一样无处不在，一样需要善待。家门口的供品，右边的给神，左边的给鬼。样样都安顿好了，恶鬼就不来兴风作浪了。恶鬼不自觉，只好敲着梆子锣鼓驱赶了。一直要忙到半夜。那些恶魔木偶，在一支支火把点燃的光焰中化为灰烬。

睡觉醒来就是新年第一天了——静居节的静默从早上6点到次日6点。这一天，人人静居思过，实行四忌：不外出，不干活，不生火，不动情欲。一门心思回首检点过去：自己有没有

巴厘岛新年举行的传统活动

□ 巴厘岛的新年，净身仪式的游行活动

谎言、秽语？有没有诽谤、盲从？有没有暗害之心，贪欲之念？品行是否端正，心地是否善良？……拷问灵魂是需要勇气的，但是获得内心的安宁却是幸福的。所以，从这样的一天作为新年的起点，也是很美好的。

这一天，机场24小时关闭。马路上，看不见车水马龙。村庄里，鸡也不走，狗也不跳。游人要尊重当地习俗，遵守规定自觉呆在旅馆或民宅里。有谁胆敢冒失地制造噪音打破寂静，巡街的保安人员会立即上前制止，并将其带往当地警局加以控制。据说，这样做的目的是为了让在这一天重返大地的精灵、鬼怪相信他们所经过的地方已经没有生命了，因而就会很快离开这里。

这样的一天，除了内心一遍遍反省的声音，就只剩下鸟鸣和植物拔节的声音了。天下太平。

说出我的感谢

印尼人常怀感恩之心，所以，他们的许多节日是用来庆祝丰收和表达谢意的。他们感谢田间谷，栏中畜，地上桑，池中鱼……感谢天厚爱，感谢地丰收，感谢日子可以过得衣食无忧。

印尼巴厘岛上的一处农庄

每年7月至12月是东爪哇北海岸渔民的捕鱼期。忙碌过后，又到了1月中旬，就在海边举办庆丰收节。那天，海边停泊的渔船一字排开，船上国旗飘扬，彩旗招展。铿锵的锣鼓声中，渔民把两座巨大的“饭山”和用嫩椰叶装饰的土特产推入大海，以感谢大海的馈赠。

海边的船只

西爪哇的井里汶地区，盛产甘蔗。蔗农的爱，一半分给家人，一半分给甘蔗。

印尼水稻喜获丰收

喜欢把甘蔗当儿女养，关爱就无微不至，甘蔗长大了，变成了离开父母膝下的新娘。所以在公历四月中旬，人们举办的节日就叫甘蔗新娘节。这是一个甜蜜蜜的节日。人们挑选出20根最好的甘蔗来庆祝丰收。其中，2根为“新娘新郎”，3根为“重要来宾”，15根为“伴娘”。一系列的活动之后，3根“蔗母”被郑重地交到糖厂老板手中。最后，开机榨蔗；人们欢呼雀跃，祝贺生活甜甜蜜蜜。

西爪哇的稻谷产量占全国五分之一。这里的古宁安县芝古古尔村，村民感谢丰收的仪式尤为特别。这不，随着田野里最后一片沉甸甸的谷穗被割下，脱粒，黝黑脸庞上的汗水还在流淌，巽他历12月22日的庆丰收节就来到眼前了。

庆祝仪式在村中的一座古老殿堂里举行。这一天，大人不劳作，孩童不上学，男女老少满心满意地沉浸在丰收的喜悦里。村巷中，相遇的人都不空手，或头顶着，或肩挑着自家最棒的稻谷，直奔锣鼓响亮的地方。

看看人都齐了，就开始巡游。11对挑选出来的俊男靓女，是朝气和希望的象征，他们身着传统节日盛装，走在队伍最前面。小伙子动作潇洒，很细心地打着彩色旗幡和三层的伞盖。姑娘双

巴厘岛粮食收获的时节

手托盘，眼睛盯着托盘中颗粒饱满的稻穗。紧跟着的，是头顶稻谷的家庭妇女。她们心中装着孩子，眼里流露着相夫教子的安宁，只想着在仪式上为家人祈祷幸福。走在队伍最后的，自然是步履坚定的已婚男子了。家庭中，父亲总是要勇挑重担的，他们肩挑稻谷，额上的汗珠子滑过脸庞。小孩子窜来窜去，想追就追，那刚学会数数的小孩，忍不住一二三一二三地去数稻谷的担数。老人们心中有数，闭上眼睛也明白——不会多，也不会少，恰好22担，年年如此，稻谷的担数与节日日子22是对应的。

稻谷送达殿堂之后，庆祝仪式正式开始。上香，祈祷，感恩，之后是活动中最出彩的一项——舂米，由男女青年携手完成。舂桶依次排开，金黄的稻谷倒入舂桶，舂米杵也准备好了，一切就绪。热闹场面突然短暂地骚动了一下，原来是参加舂米的姑娘和小伙子们上场了。人们的目光刷刷地落在已经换上了妇女服装的男青年身上。他们早已料到会这样，故意傻笑两下，让你领略他别样的风采。据说，这意味着平等，生活中，男人女人，享有相同的权利，承担同等的责任。

舂米了。杵声阵阵传扬。男女搭配，干活不累。一起劳动，流露的全是自然美。红扑扑的脸，亮闪闪的眼，若隐若现的笑，抑制不住的心跳……杵起杵落间， 20担稻谷不知不觉地舂完了。谷壳堆到一边去，舂好的新米，分发给各家各户。没有舂的两担谷子，留做种子，也分给参加仪式的村民。等到明年，要继续丰收。

石头·月亮·长屋

居住在印尼的达雅族人由许多部落组成，主要分布在加里曼丹岛内地。这里，有除南美洲外全世界最大的热带雨林。也许是自然环境、地理位置及历史原因，达雅族人向前迈进的步子非常谨慎，甚至还有些许迟疑与缓慢。

巴厘岛住民供拜的神之一

石头通行证

最神秘的地方是素以“黑暗森林”著称的中加里曼丹省。

生活在这里的达雅人过着刀耕火种的生活，只有锯木、碾米、纺织、编织这些简单的手工业。虽然能够自给自足，但是缺了一样不能缺少的东西——盐，于是只好特许外界少数人进入他们的禁区。

进出的通行证是石头。路边，迷魂阵一样摆放着的石头，它们是文字，是语言，是生死攸关的暗号，是彼此心领神会的通行证。不然，有进无出。在视线无法穿透的密林后面，守卫关卡的土人隐匿着，身上带着闻名于世的毒箭。若是来人暗号不对，只好乖乖听候死神召唤了。那种毒箭是用一种特制的竹筒吹出来的，箭头仅牙签似的一小截，已在毒汁里浸过了。当它钉入人体时，人会误以为蚊虫叮咬，顺手一抹，小箭头便折断在肌肉里，毒液立即随着血液流遍全身，再无拯救的可能。

那些有幸进入禁区的商人，拿盐换了当地人的金子、钻石或者藤条、蜂蜡之后，便一声不吭地离开了。他们得到了自己想要的，就得按照规矩行事：对禁区里的一切守口如瓶。沉默是金，来来去去，全是神秘之旅。

婆罗洲Kenyah Dayak部族的舞蹈

月亮懂得我的心

达雅人信奉“万物有灵论”，崇拜祖先的灵魂，相信动物、植物、河流、日月星辰都与人一样有“灵魂”，并且与人类的祸福相依。

他们崇拜月亮，认定月亮是他们离开了地面的祖先。

月亮，高高挂在天际的月亮，那么明亮，那么透彻，像一个善解人意的亲人。达雅人的亲人！

月亮懂得我的心。月食的时候，心思多多的父亲母亲，怀着月光般透明的虔诚，一心一意为他们的女儿祭拜月亮：月亮啊月亮，你站得那么高，看得那么远，你要多留意呀，你留意把那勇敢的勤劳的智慧的男子引领到我们的女儿身边来，让女儿早日找到如意郎君！

巴厘岛住民在拜神

更多的时候，达雅人拿着木棍敲打树干或者用竹竿掠过庄稼：月亮啊月亮，你看见我们栽种的树木与庄稼了吧，你可要赐予我们丰收啊！一切都拜托您啦！全靠您啦！

世间有长屋

达雅人居住的传统房屋是长屋，它们称其为“贝当”。屋长少则50～60米，最长的有170～180米，高脚，竹木结构，呈斜坡形，前高后低。长屋中间是长长的甬道，两旁各一排单间房，外圈设有晾晒衣服谷物的阳台和凉台。

过去，一个长屋往往是同一个氏族的许多人家居住。现在，一座长屋一般只住一个有两至三代血缘关系的大家庭，每个单间住一个小家庭，独自一个门户。

长屋连体也连心。达雅人互助合作的传统在长屋文化上体现得尤为充分。住在同一个屋檐下，住户们朝夕相处，抬头不见低头见，自然是休戚与共，相濡以沫。可以一心向内，可以一致对外。谁家遇上生老病死这样的大事，拍个巴掌，吆喝一声，人便齐刷刷地到了。牵头的人一声吩咐，该忙的忙，该动的动，有钱的出钱，有力的出力，总之，谁都不会事不关己高高挂起。

雅加达缩影公园

与世隔绝

文身的男子

在印尼2亿多人口中，大约有近1%的人依然生活在与文明世界隔绝的状态中。

为了躲避曾经的战乱与侵袭，他们怀着支离破碎的心情，迈着沉重的步履，扶老携幼，一步一步地走向偏远。在人迹罕至的岛屿，在热带雨林深处，滔天海浪成了安身立命的屏障……如果以时间永不停息的脚步作为参照物，那么，他们是无可奈何地逆着时空走的。本来同路的两个人，有一个选择义无反顾地往前走，而另外一个决定停下甚至返回原地。有时候，千差万别系于一念间。

16世纪的生活模式

“出门不准乘坐车辆，只能赤足步行；不准抽纸烟，只能抽旱烟；不许喝酒，只能喝茶；不许穿着艳丽，只能穿黑、白、蓝三种颜色的服装；不能睡软床，只能睡地席；除猫、狗和鸡外，不准饲养和食用其他畜禽；男女间严禁调

赋有歌舞天赋的苏拉威西土著

情，男人不许用贪婪的目光注视女人；丧偶的男人不许重新婚配；任何人不许上学读书，接受现代教育……”你会相信吗？但这却是至今生活在西爪哇境内，距离雅加达不到100千米的勒巴（Lebak）县境内的巴都依族的禁忌。

他们的祖先是巴查查兰王国卜拉希·西利万吉王室的贵族。大约在1523年，伊斯兰教势力控制了西爪哇，许多人都顺应潮流皈依了伊斯兰教，唯独这批王室贵胄拒绝接受。他们躲进深山密林里，保持着16世纪的生活模式。一系列的规定，纯粹是为了坚持原来的信仰，为了抵制外来文化的影响。

禁忌的核心是忌享乐，避邪恶。

达尼人的原始服饰

观念主宰着审美。如果在你生活的地域，人人都认同为美的事物，那便是美。很简单，我行我素，可以不在乎外人的想法和看法。

居住在伊里安岛查亚省的达尼族，人们仍过着非常原始的生活。那里的男人全身赤裸，只用一个由瓠子壳制成的“高戴加”护住生殖器，妇女则上身赤裸，下身仅在腰间围着草蓑裙或草珠裙。人们惊讶于那样的原始，可是男人们却自我感觉良好，觉得戴上那玩意儿舒坦，感觉距离祖先的灵魂更近。

自然，这是个尚未开化的部族。现在，镇上的人已开始接受现代文明，但在农村尤其是山区，那些独一无二的生活方式和传统习俗依然保留着，甚至成了当地城镇吸引国内外游客的最重要的旅游资源。

阿斯玛特人的另类思考

同样过着原始生活的，还有居住在伊里安岛东南部的2万多阿斯玛特人。他们搭盖在10多米高树上的树皮屋，很有些鸟巢的味道，干燥，通风，离星星月亮似乎都近许多。尤其是能让怀抱贼心的野兽们望尘莫及。上上下下，全靠一架梯子，出出进进倒也别有一番情趣。

最奇特的是他们调解仇恨的方法。

比方说，在不可避免的纠纷争斗中，甲村人杀死了乙村某人的儿子。不管有多少理由，冤仇还是结下了的。可是冤冤相报势必会没完没了。于是，在事情平息下来之后，甲村就送一个男孩给乙村的那家人做儿子。那家人对孩子也会慈爱有加，视同己出。孩子肩负使命，在关爱中慢慢成长。以后，两村人再发生冲突，那孩子就作为使者派往甲村斡旋，并且保证不会受到一丝伤害。

苏拉威西土著

第三章　底蕴斑斓

见识过让人眼花缭乱的印尼舞蹈后，就有一种感受：人在舞岛，不仅仅是人，就连空气中的花香都是跳着动着舞着的，那种扑面而来的气息，便是印尼人的味道——快乐多，忧愁少，自在多，拘束少。

恰似诗经的优美

“天上布谷从哪里来/从树上飞到稻田里/心中爱情从哪里来/从眼梢传到心坎里。”人世间，爱是永恒的主题。在寻觅和表达爱情的时候，几乎人人都可以是诗人，人人都可用灵光乍现的灵感唱出最美的诗歌。

在印尼，像中国《诗经》一样优美的，是被称为“板顿”（pantun）的四行体诗歌。印尼的马来、亚齐、巴达、米南加

巽他族少年在演奏民族乐器

巽他族小孩在演奏民族乐器

保、爪哇、巽他、达雅、帝汶、萨萨克等民族，每逢喜庆场合都喜欢即兴对唱或几方连唱“板顿”诗。虽然地域不同，曲调各有不同，但是唱词都是被称作“板顿”的诗歌。那些诗歌格式齐整，韵律严谨，抑扬顿挫，富有音乐节奏感，唱起来朗朗上口。一唱一和，气氛就活了。

人心思乐。因为场合喜庆，就有了找乐的理由。小水滴一样的欢乐，有意无意地被张扬，就会蔓延成欢乐的河流。在“板顿”诗里，爱情往往是最好的寄托。

“要不是为了星星/月亮何必要升高/要不是为了郎君/妹妹何必路迢迢。”爱的表达最初多半是委婉的。

“月色溶溶照田埂/小小乌鸦啄稻茎/你若不信我真诚/剖我胸膛瞧我心。”爱难免猜疑，那么把心掏给你看好了，你看看它有多真，爱你有多深。

“郎若上游去洗澡/为妹采朵素馨花/郎若比妹死得早/天堂门前等一下。”爱到深处，人人是情痴。信誓旦旦，虽不同日生但求同日死。

女人与女人也会谈情说爱，无非倾诉各自的感慨。一个说：“月光朗朗照河上/鳄鱼浮上装死样/千万莫信男人嘴/敢于发誓怕命丧。”另一个也迎合着：“胡椒树枝长得旺/椰子跌落棚屋旁/宁愿耐心求稳当/性急日后要懊丧。”

当然，生活里也不仅仅只有爱情，太多的喜怒哀乐悲欢离合需要表达。“苍鹰高飞在云霄/豆蔻树上暂栖息/苦苦想家心惨叫/疾病缠身空悲戚。”唱的是远在他乡的游子思乡的孤苦凄凉。

想唱就唱，快乐并非遥不可及

在流行于雅加达及周围地区的民间戏剧列农戏里，有演员舞蹈、对白的衬托，有甘榔、木琴、鼓等民间乐器的伴奏，整台表演占有很大比重的“板顿”诗犹如闪闪发亮的星辰，熠熠生辉。在那抑扬顿挫的歌唱中，人们沉醉着，被远远近近的历史变迁和王侯故事吸引。或者是一场俗戏，撩人兴趣的是英雄豪杰仗义行侠的传奇，演员唱得痛快淋漓，观众也听得大快人心。比如在爪哇地区家喻户晓的古代民间故事《迷途黑猴》，讲的是七个公主的善恶报应和纯洁爱情经受的严峻考验。在这个被人编成“板顿”诗世代相传的故事里，人们咬牙切齿地痛恨大公主布巴拉朗的邪恶，无可奈何地厌恶二公主到六公主的平庸，心甘情愿地喜爱年幼聪慧的七公主，却又为她的善良谦让担心，还为肩负除奸安良和寻找梦中情人双重使命的黑猴牵肠挂肚……“板顿”诗犹如甘美的泉水，满足了世人渴望激浊扬清的心愿，以及天下有情人终成眷属的期许。

一些心思，一些情趣，一些诗意，原本也沉睡在心的，一旦被“板顿”诗唤醒了，便如萌芽的草叶，从冬眠中醒过来的动物，生机盎然起来。

巽他族小孩在演奏民族乐器——印尼特有的民间乐器昂格隆，又称竹管琴，乐声清脆动听

等待应验的语言

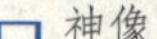
神像

巴厘岛住民供拜的神之一

在印尼，各种人生仪式上多半少不了念咒辞。开荒、收割、捕鱼、造船、打猎、筑路、盖房、架桥、成婚、征战……事先都要念咒辞。那些等待应验的语言，神秘的声音，带着不可思议的魔力，在人们看不见的路上，越走越远。吉祥的咒语，期待它祛灾治病；恶意的诅咒，也期待它早早显灵。

古时候，缺医少药，人们期望借助咒辞的魔力来消除有毒的东西。于是，有了解毒咒："嘿！小圈圈　无毒／毒藤　亦无毒／毒物　亦无毒／毒蛇　亦无毒／毒树　亦无毒／啊！一切有毒的　亦无毒。"

昏死的人，一定是迷失的灵魂化作精灵或者小鸟离开了躯体吧。于是要念招魂咒，温言良语劝它归来："精灵啊，归来！／精灵啊，归来！／宝贝啊，归来！／小鸟啊，归来！／你不要害怕／你不要害臊／你不要误解／你不要错怪／我坐着把你夸耀／我坐着把你搂拍／我坐着把你召唤／我坐着把你抚慰。"

有意思的是，在邦加岛门杜克河附近发现的石碑，铭刻着用拔婆罗

巴厘岛的祭祀活动

字母写的古马来文布告："无论何时，若在王国境内，一切人等，有作恶者，有同意他人作恶者，有唆使他人作恶者，有因被唆使而作恶者，有同情作恶之人者，有不尊重、不服从于朕所委任之达图（一种官衔和封号）者，凡作此种种罪恶之人，必将照应此诅咒而死亡。……如有作其他种种恶事，坏人思想者，使人发疯者，运用咒语、毒药、毒草、麻醉品以及蒌叶陷人致死者，或诱人以春药，或逼人犯罪而作恶多端者，又对此碑铭而予以破坏者，亦必应此诅咒而死亡，首先必事前既破坏此类人等之意图。……但无论何时，汝等终于忠心于朕，朕将予以重用，派任达图，如若家属亦甚忠顺，则将获大幸运，吉祥临门，无疾无病，无灾无难。长此以往，则此属下地区，即臻繁荣。"

那是在佛教文化相当发达的室利佛逝王朝。统治者不仅借助佛法维护国王的最高权威，还把传统的咒辞刻上碑铭以威慑臣民，警告一切敢于叛逆的人将遭遇毒咒而惨死，而忠于国王的人则将吉祥安康，也真是把咒辞文化展现得淋漓尽致了。

事情就是这样。一些人坚守着原始的信仰，坚信万物有灵，相信人的有声语言具有某种魔力，声音抵达的疆域，神灵会被召唤来为人们效劳。当危险与灾难降临，被奉为"巴旺"（祭师）的人，以他响亮柔和的声音打动神灵。

或者，应该说，这都是善良的愿望，有些人相信它。

头顶供品的巴厘岛老妇人

在石像前祈祷的巴厘岛妇女

永远的皮影戏

皮影戏

与皮影戏相逢的夜晚堪称良宵。

那些清朗的夜晚，星子也不睡。亦真亦幻的皮影，与思潮起伏的心灵，如同两个流浪的半圆，一半找到了另一半，事情就有了心满意足的结局。

印尼人的皮影戏情结根深蒂固，不知源于何时何地，亦不知止于何年何月。千岛之国，戏剧形式有上千种之多。其中，皮影戏是历史最悠久、影响最深广的一种民间戏剧形式。有说从印度传入印尼，有说源于印尼本土，公元8世纪已有雏形，11世纪开始流行。

艺人在制作皮影戏偶

起初，皮影戏表达的是对祖先的崇拜，在亮布上摇曳的影像是祖先的影像。人们通过光影里浮游的影子与远逝的先祖交流，期待亲人的魂灵别走得太远了，以便能够庇佑他们稼穑、捕鱼、狩猎，远离灾难。印度的两大史诗《罗摩衍那》和《摩珂婆罗多》中的神话故事和印尼本土的历史故事走进了皮影戏后，戏的内容就日渐丰富起来。到了当代，又增加了潘查希拉（建国五项原则）、苏鲁（火炬）、瓦赫拉由（天启）等皮影戏种类。

戏里有什么呢？能够紧紧地、紧紧地攫住情感与理智？

有一张白色幕布。长方形，和床单差不多大小，竹木牵扯着，

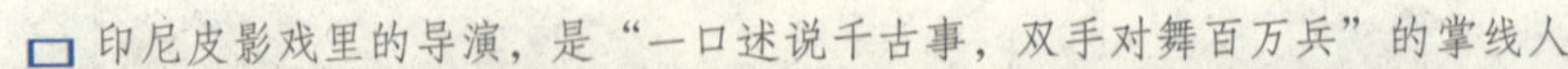
印尼皮影戏里的导演，是“一口述说千古事，双手对舞百万兵”的掌线人

光照着，那就是虚拟的世界了。

有一盏灯。椰壳灯，明明暗暗的橙色光，是照亮幕布的光源，相当于白天的太阳夜间的月亮。

有一群傀儡人物，或者说影偶——牛皮刻制的皮影戏人物，被施以彩绘。生活有时太粗糙，也太一成不变，那么，就以足够的精致、足够的夸张和足够的新颖，来满足人们的心愿好了。男人通常都大头、大鼻、长臂，女人则细腰，大发髻。在戏里，正面或者反面的角色，栩栩如生地滑稽着，生动着，温柔着，善良着，坚定着，勇猛着，无畏着，凶狠着，歹毒着，懦弱着，暴躁着……总之，流露在脸部的表情能够充分表达品质和性格。

传统皮影戏道具，印尼博物馆藏品之一

有一个多才多艺的导演。他是“一口叙说千古事，双手对舞百万兵”的掌线人。他在幕后，受人敬重地盘坐在席子上。他的左右两侧排列着不同的影像，那善良高贵的角色，诸如神明、国王、王子、公主和他们的仆人，摆在右边；邪恶的角色，如妖怪、恶魔、巫婆、懒汉和无赖，则摆在左边。他把沉睡在道具箱里的影偶唤醒了，让它们的影子唱、念、做、打，声音是他发出的，动作是影偶的。他用言语把戏外的人引进戏内，用独特的说话方式熟练地转换角色，比如从充满磁性的男声，迅速转换到温柔甜美的女声，再变成另一个粗鲁的角色。他也唱歌，有时候将对话变成歌谣来美化戏剧。他是为皮影戏而生的人，常常因为陷入皮影戏太多的神秘与悲欢的剧情中。有时仿佛已分辨不出自己生活在哪朝哪代。可是，他是给人们带来快乐的人，也是受人敬重的人。

有一个伴奏的佳美兰乐团，乐师们根据剧幕中思绪的改变和不同偶像的出现，透过音乐渲染戏剧中的气氛。

所有这一切走到一起，就有了戏，有了激情，有了审美和亮彻

印尼人的皮影戏情结根深蒂固，演出往往通宵达旦，观众亦是如痴如醉

暗夜的光芒。

印尼的皮影表演

人们追随着佳美兰乐器一下又一下的敲击声，乐此不疲地奔赴一场又一场不可抗拒的精神盛宴。在睡梦的夜里醒着。梦别样的梦：走近帝王将相英雄豪杰的人生，触摸妖魔鬼怪巫婆小丑的痛痒。潜移默化间，与世界息息相通，一忽儿笑，一忽儿泪，一忽儿醒，一忽儿醉……在皮影戏深长的意味里，体会到了但愿长醉不愿醒的况味。

印尼人如此长长久久地喜爱着皮影戏，爱遂成了珍爱，就难能可贵起来。2003年，印尼皮影戏经过申报已经被列为联合国教科文组织人类口述和非物质文化遗产代表作。

如果没有佳美兰

佳美兰（Gamelan）不是花卉，不是汽车品牌，而是印尼特有的一种民间古典打击乐器，以及用这种乐器演奏的音乐。

1889年的巴黎世博会上，佳美兰的表演一鸣惊人。这第一次的聆听，让著名作曲家德彪西与佳美兰有了一场灵犀相通的精神邂逅——惊叹、迷惑、思索、倾倒、心醉！佳美兰音乐的启发，对他的印象主义创作产生了很大的影响，在那之后，有了他的著名钢琴作品《意象集》。

在那之后，世界了解了佳美兰，佳美兰走向了世界。佳美兰成了西方人最熟悉的东方音乐之一。在美国，已有100多所大学的音乐系开设了演奏“佳美兰”音乐的课程。

日惹苏丹王宫民乐演奏

在建成于9世纪的大型佛教庙宇婆罗浮屠的浮雕上，已可见到现代佳美兰乐队中一些乐器的图形。10世纪时，印尼人开始制作并演奏这种乐器。虽然声音、音乐总是瞬息即逝，可是上千年的历史，足够熏染百代人的性灵。百代人的聪慧，又足够积淀和彰显一个民族文化的真实风格和个性。所以，佳美兰乐器和佳美兰音乐——当之无愧地被印尼人民视为国宝！

类似于交响乐队的编制，使得一套佳

美兰乐器少则由15件多则23件打击乐器、吹奏乐器及弦乐器组成。一个乐队一般由24名演奏人员组成，多的则达60多人。在演奏中，凸心三锣、凸心排锣及卧式锣起主导作用，大、中、小锣起强音作用，它们的音色与音质带来了源自青铜的震撼。而木琴、鼓、镲、萧等则起伴音作用。演奏时，各种类型的锣在有规律的间歇中响起，从而构成清晰的音乐节奏。音阶则有五声音阶斯伦德罗和七声音阶佩洛格。贯穿其间的，是个性独特的多声部音乐，有时复杂的声部可达20多个。在演出过程中，通常以一个基本旋律为核心声部，而其他声部则围绕这个核心声部作装饰性演奏。

基本上没有乐谱，乐谱是铭记在心里的。各乐器按照传统的演奏方法即兴演奏。这是以男人演奏为主的音乐，曲子由父亲传送到儿子。在印尼民间，因为演奏人员相互竞争激烈，故而从凌晨开始就可以听到演奏者们演练的声音。

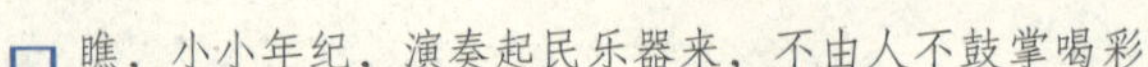

瞧，小小年纪，演奏起民乐器来，不由人不鼓掌喝彩

在巴厘岛，每个村庄的游廊都有一组乐器。村民可以自由加入音乐社团，集体拥有、维修乐器。村子里，最吸引人的呼唤总是佳美兰“喊”出来的。音乐响起，快乐的空气便在皮影戏、舞蹈、宗教、社会仪式上自由自在地流淌。人们深信，如果没有舞蹈或音乐，一个聚会就不完整。因为演奏不单是为了给人观看，同样也是娱乐神明的；因此光是听到音乐，巴厘人就会感到幸福。

印尼人很看重乐器的制作。铜锣和其他金属乐器的手制传统已经传承了好几个世纪。乐器的声音来自铜器，虽然乐团各自有其独特的音调，音调并无标准，乐器的调音工作是靠制作过程中一片一片地敲打来完成。对巴厘岛民而言，一

日惹苏丹王宫民乐演奏

日惹苏丹王宫民乐演奏

个乐器里也有神的存在，这是天经地义的事，没有人会跨过乐器或是冒犯乐器神。特定日子，还要祭祀、供奉乐器神。

关于佳美兰音乐，怎样形容都不尽美尽善，总感觉语言的表达稍逊一筹。聆听佳美兰音乐，有时感觉就像大海潮汐地老天荒地涌动，有时又仿佛凌厉的闪电在黑暗中将天幕撕开一角，让你看见了世间万物从哪里来到哪里去的深邃。冥冥中，与谁有过了灵魂深处的倾诉，令你的聆听，在惊悸之后复归宁静……

是不是因为这样一个独特的地域——海洋，岛屿，雷电，风暴，地震，海啸，火山……人们离不开内心的呼唤，离不开灵魂的清醒，离不开彼此的安慰，离不开相互的取

□ 演奏佳美兰(一组印尼的民族管弦乐器)

暖！所以，佳美兰才具有刺激感官的演奏形态。敲击的青铜乐器在精制木架上闪烁着月亮的光芒。柔和的青铜音带着激烈的旋律，应和着远远近近的波涛拍岸的声音，复杂且微妙，引领听众在漫无边际的摸索徘徊之后，终于可以借一束光，寻到迷宫的出口，找到航船停泊的海港。在此之前，你别无选择，只好深深地卷入到音乐闪闪发光的旋涡里，承受爱与恨、破坏与重建、毁灭与新生的抉择与历练！

佳美兰，自然、朴素、透明、纯净。它的音响有时气势磅礴，不容拒绝地唤起你在音乐中融入世界的愿望；有时细腻温宛，一尘不染，引领漂洋过海的渔人回到了岸上，踏进了家门，进入了梦乡。

□ 在万隆宾馆大厅演奏民族乐器

运动着，快乐着

□ 踢藤球的年轻人

印尼人没理由地喜欢运动。一定要说出理由那也是有的：气候宜人，海域广阔，河湖清澈，绿草如茵，空气如洗。花好，人闲，风吹习习，休闲时光不运动岂不是辜负老天厚爱了？

在各式各样的休闲运动项目中，备受印尼人青睐的有羽毛球、网球、台球、足球、藤球、游泳、跑步、爬山、放风筝、健身操、武术等。

羽毛球是印尼的“国球”。1987年，国际羽联为了感谢和纪念“印尼羽毛球之父”苏迪曼对世界羽毛球运动作出的杰出贡献，将世界羽毛球混合团体赛冠军杯以苏迪曼的名字命名。苏迪曼杯是印尼羽毛球协会代表本国人民向国际羽毛球联合会捐赠的一座奖杯。杯身由纯银铸成，外表镀有纯金，杯高80厘米、宽50厘米、重12公斤，当时造价约为15000美元。奖杯基座上，雕刻着婆罗浮屠佛塔的造型，极富民族特色。

那些美丽的海滩，魅力无穷。风平浪静的，适宜游泳；风大浪急的，适宜弄潮；清澈见底的，适宜潜水；水深湾阔的，适宜冲浪、滑水、弄帆……嘿，要是不爱海，那还是大海的儿女吗？

风是和风。看一眼椰林婆娑的影子，就懂得那风力有多适合放风筝了。牵着线圈跑呀跑，像放飞梦想一样逍遥自在，这样的快乐似乎是孩子们的最爱，可在印尼却不然。城里，乡下，草坪上，海滩边，天空中总能够见到展翅翱翔的风筝。仔细瞧瞧那些兴致盎然地拽着绳线飞奔的人，有花样年华的少男少女，有鹤发童颜神采奕奕的老者，亦有张着嘴

印尼人通过传统的游戏运动来庆祝印尼独立日的到来

笑缺着门牙的孩童……黄昏的时候，彩霞满天，天空中渐渐密集的风筝似乎都在追着彩云飞。风筝高手私底下就炫耀起风筝操纵技术来，旁边的人也不笨，本来还有些漫不经心，看看情形也就煞有介事地拿出看家本领来应战了，一个赛风筝、斗风筝的精彩场面就出现了。啊，快乐其实很简单，需要的只是一颗快乐的心！

要说有趣还真是有趣。在印尼，政府的口号是“体育社会化、社会关心体育”。规定每年9月9日为“全国体育节”，期间要开展各类运动比赛。每周五为“全国运动日”，这一天早晨，政府公务员、教师、学生、各行各业的工作人员都要参加体育锻炼。而每月的最后一个星期日，各部门、行业、学校都要组队参加清晨的城市竞走活动。早早的，一些指定的主要街道，用路标画出数段街面供竞赛队伍使用，警察维护交通秩序。碰上竞走队伍走过，那些临街摆摊开铺的，挑担子做小生意的，拎着藤篮上菜市买菜的，不管有多忙碌，都纷纷停下了奔波的脚步，乐呵呵地驻足观看。大约是因为政府提倡，许多印尼人养成了早起晨练的好习惯。

印尼各民族都有各自喜爱的体育运动。比如在苏门答腊岛以西印度洋上的尼亚斯岛上，村落里处处可见巨型石头。这里流行着一种自古相传的跳石墩比赛，很独特。石墩由大小石块砌成，高矮不一，三米左右。小伙子们一有空闲，就三五成群地聚集在一起练习腾跳，互相切磋技艺。小孩们最空闲，在一旁追逐打闹，跃跃欲试。上点年纪的在一旁默默观看，不时给初练者指点招数，一面回想着自己年轻时曾有多威风，只可惜岁月易逝人易老。比赛的时候是村人最开心的时候，那些以优美姿势跳过石墩的小伙子被人们当做英雄，赢得掌声和喝彩。技不如人者往往心中惭愧，悄悄退到一边，也在内心里暗下决心，等待下次比赛把脸面挣回来。

让木石替我传递

每个人都有想说些什么的时候。谁愿意听我说呢？况且一开口，声音转瞬即逝。还好，可以在心里说，让木石替我传递。

印尼人信赖依附在木石上的灵性与神性。

他们擅长通过雕刻艺术来打开一扇又一扇门窗，向世界传递内心的崇拜，向后世倾诉当时的思想，或者纯粹是为了记录善恶美丑和喜怒哀乐……木石的语言丰富、深厚且恒久，虽然时光逝而又逝，虽然彼此素不相识，可是能够读懂。

精美的木雕面具

据称早在公元前2000年至公元前1500年，他们已经开始用石雕来装饰石棺坟墓。时间过了很久很长了吧，那些石雕还在说着：让死亡不寂寞，让灵魂不孤独，让生命的离去也尊贵！

公元1世纪后，受佛教和印度文化的影响，那些意念中主宰着世界的神灵和神性动物，以他们想象的模样走进了神坛庙宇，一坐千年！千年之后，慕名而至的游客，在婆罗浮屠佛塔和普兰巴南神庙依然精美绝伦的石刻经典里流连忘返：读月有阴晴圆缺，人有悲欢离合；读岁月更替，人世轮回；读天人合一，世界和谐……

再后来，又有中国文化和伊斯兰文化渗入。他们开始在与日常生活密切相关的建筑上有所表达。在巴厘岛，处处可见神祇、恶

巴厘岛居民心灵手巧，似乎人人都擅长木雕

魔、灵兽、人物等石像，安坐房前屋后。它们无时无刻不在说着世间有善恶，说着巴厘人的虔诚与善良，说着巴厘人永远不变的祈祷与心愿。

自然，因为木雕比石雕便于携带，到印尼旅游的人，喜欢捎带一两件木雕作纪念品带回家。

爪哇、巴厘、苏门答腊、加里曼丹、西伊里安等不同地域都有风格各异的木雕艺术。尤其是巴厘木雕，享誉国内外。作为一种传统工艺，它最初与巴厘人的宗教信仰息息相关。人们把自己崇拜的印度教诸神用木头雕刻出来，供奉在庙宇、庭院、堂室内。后来代代相传，便产生了无数能雕善刻的巧匠。

木雕大都用质地坚硬、纹理细腻、坚韧光洁的黄杨木、檀香木、黑檀木、柚木等名贵木料雕刻而成。造型千姿百态，以神话人物居多，有栩栩如生的神鹰、神龙、神牛、灵猫、雄狮、雄牛等动物及各种禽类，有惟妙惟肖的渔夫、少女和民间故事中脍炙人口的传奇人物，也有当代各种抽象艺术形象。想买的人，习惯了挑剔，

木雕制作

木雕神像

寺院佛像

巴厘岛石雕

木雕是巴厘岛的特产之一，眼前的这幅雕刻作品，让人觉得生活其实是耐人寻味的

可是看看这件挺喜欢，那件也不错，件件都爱不释手，弄得眼花缭乱起来，生怕错过最好的。

印尼人也喜欢把日常生活中的美与好，刻成作品，传递友谊。比如《黄杨木雕舞女像》，就传神地表现了印尼传统古典舞蹈独特而迷人的风采。雕刻者选择了舞姿中最美的一瞬：舞者明眸顾盼生辉，修长而饱满的肢体，定格为直立而很有柔韧度的S形姿势，头部恰到好处地侧靠着举过头顶的左臂，充满动感的飘带又与双臂互为呼应，传达着舒展有度的分寸感，腰、臀近乎完美地侧曲着。注目的人，似乎从沉醉当中又回到音乐响起时分，她指端颤动着左右摆动，所有的肢体语言只为了与你的心跳呼应。而这，就是东方女性的柔美吧。

一个雕刻者说，木刻石雕传达的诗意与故事，也是我的心情，我的想法，我的钟爱！

马都拉的牛真“牛”

劳作是辛苦的。但要是能在劳累中善于发现、品出其中某些乐趣，辛苦就轻松了几分。起源于古代，起源于劳动的马都拉赛牛就是这样发展而来的。

牛逢“敌手”

本来，农民也是体惜耕牛的。可是那时候土地贫瘠，一家大小累死累活却填不饱肚子。为了多收几担粮食，在田野里劳作的农人，眼见相邻地块里干活的耕牛比自己的牛快，就心躁，举鞭抽打牛屁股，斥责牛的好吃懒做。牛听懂了，就发奋犁地。相隔不远的男人也听到了，也抽打耕牛，也吆喝，比赛的格局就暗中形成了。久而久之，就把比赛从田间地头挪到赛场，变成一项传统娱乐活动传承了下来，成了今天我们看到的世界上独一无二的马都拉赛牛。

难分胜负

马都拉岛在爪哇岛东北部，岛上赛牛场比比皆是。标准的赛场长130米，宽40米，场内没有跑道或隔开的标志，只有起点和终

巴厘岛传统的骑公牛比赛

点。赛程最少为100米，最先到达终点者为冠军。赛牛必须是良种公牛，粗壮，善跑，身高不低于120厘米，年龄最小3岁半。比赛时，两头公牛背上装上轭梁，梁中间设有骑师鞍座。一次比赛分若干组，每组由两三对公牛参加。

赛事通常在八月举行。农闲时节，头茬稻谷都颗粒归仓了，刚种下的一茬稻子还不需要操多少心。为了迎接比赛，骑师准备了很长一段时日。临赛前几天，赛牛是很受优待的。享用着骑师特地为它准备的烈性好酒、鸡蛋及苏打水、胡椒等食品，体力就更强，精神也亢奋，一副无鞭自奋蹄的模样，叫声也流露出志在必得的从容。

等待已久的大赛终于拉开帷幕了。赛事这一天天亮得早，人也睡不着，骑师不仅自己装扮一新，还把赛牛打扮得引人注目，看上去精神抖擞：头上、背上及项部，佩戴着光彩夺目的饰物，别着五颜六色的鲜花，一阵小风都令它颈下悬挂的巨铃叮当作响。装束好了，就自信满满，好像比赛赢了一半似的。

人们一大早便兴致勃勃地从四面八方赶来。七八点钟，赛牛和骑手均已到位。赛场上，锣鼓喧天，牛铃清脆，人声鼎沸。一切准备就绪。赛牛排成纵队绕场一周，观众报以热烈的掌声。因赛牛时常伴随着赌博，所以，牛队绕场展示风采时刻，也是观众下赌注的最佳时刻。骑师们此时既紧张又兴奋，就千方百计让自己平静。

绕场完毕后，赛牛将“礼服”脱下，佩戴上参赛号码，往往这些“运动员”是有自己的“名字”的。观众、骑师与赛牛都进入全神贯注的等待状态。作为比赛开始信号的红旗终于摇动起来了。共一个轭梁的两头赛牛如离弦之箭冲出起点，它们配合默契，动作协调，四蹄生风。擅长驾驭的骑师，用只有他与赛牛彼此能懂的语言吆喝着，适时地用尖棍敲击牛的臀部。牛飞速奔跑，观众们高声呼喊着赛牛的名字。比赛一轮接一轮，赛场上狂热的浪潮一波高过一波。最后的时刻终于来临，最优秀的骑手和最善跑的牛成了万众瞩目的英雄。

那些优胜的骑手，往往是名利双收，女人爱慕，男人羡慕。回到村上，载誉归来的勇士受到隆重欢迎。一高兴，就来个全村盛宴，又是歌，又是舞。当然了，最劳苦功高的，是那些出类拔萃的赛牛了。根据传统，获胜的牛从此受到特殊保护，不许宰杀或出售。按当地的说法，谁不珍视获胜的赛牛，谁就会遭遇厄运。

此外，马都拉人在庆祝节日时还常常举行斗牛活动——牛斗牛，而不同于西班牙的人斗牛。

马都拉斗牛看上去更像一场争夺恋爱对象的比赛。精挑细选出来的公牛，膘肥体壮，威风凛凛。赛前，牛已经被精心打扮过了，看上去十分帅气，勇猛。牛角被主人用刀削得十分锋利。

斗牛开始时，一头漂亮母牛被工作人员牵进场地里来。两头公牛眼前一亮，不禁跃跃欲试起来。充当比赛导火索角色的母牛，很快就被牵走。于是两头公牛怒目相视，仿佛前世就已经结下了深仇大恨。凶猛的决斗就这样被挑拨起来了。人们在观看这些牛你死我活的争斗中，得到了满足。等到结束的时候，失败的一方自然垂头丧气，“牛”不起来了。胜者则受到欢迎，牛头上挂满美丽的装饰品，主人则一脸的光荣与骄傲，走在回家的路上，就不断地接受人家的恭喜，眼睛笑眯眯的，心底下也乐滋滋的。

巴厘岛的水稻种植，春耕水牛犁田

享受哭

听说过“哭嫁”、“哭丧”、“哭墙”，没听说过“哭赛”吧。哭也是一种文化。哭乃天性，是一种情感宣泄。生老病死，悲欢离合，喜怒哀乐，爱恨情愁……总之，有了哭的场合，哭的对象，哭的理由，就会哭出眼泪。在印尼的桑多玛朗西城，就有这样一项颇为特别的赛事—— 一年一度的哭赛。来自全国各地的26名哭星，在大庭广众之下登台亮相，在“哭本事”上比高低。

面对裁判，面对观众，选手们要哭得出，哭得久，哭得悲，哭得惨，哭得感天动地，最关键的是要感动挑剔的裁判和观众。

哭的理由显得尤为重要。为了夺冠，参赛哭星们各自都做了充分准备。这其间，在脑海里设置哭的情节是最为关键的。先哭什么，再哭什么，最后哭什么，一环紧扣一环。比赛开始了。他们满含热泪登场，未语泪先流。吸着鼻子，扯着嘴角，眨巴着眼睛，眼泪就像断了线的珠子，决了堤的河流，汹涌澎湃起来。有人哭生离，有人哭死别。一边哭一边声泪俱下地回忆，最美好的回忆和最痛苦的回忆，是两个极端，但是当一切都成空的时候，只有哭，才可以表达痛，表达爱。有人哭命运，有人哭境遇。哭的时候，联想起着重要作用：是啊，苍天也看得到，自己有多努力，心地有多善良，可是为什么命运唯独亏欠自己，一次也就罢了，两次也就认了，为什么无休无止呢？

哭赛当然也离不开技巧。大哭、小哭、长哭、短哭、快哭、慢哭、强哭、弱哭，变化多端，错落有致，各不相同。有的用辣椒水、大蒜头做“催泪工具”，一上场就放声大哭，捶胸顿足，呼天抢地。有的靠情真意切感染人，哭起来荡气回肠。有的起初是轻轻叹息，低低啜泣，如泣如诉，跟随着内心情感的波澜骤起，眨眼间就哭得涕泪滂沱天昏地暗了，披头散发，一副叫天天不应，喊地地不灵的样子，让人想起高山上的瀑布，原本是静静的湖泊，突然间就纵身一跃，坠跌山崖，粉身碎骨，在所不惜！

也有哭得假而闹笑话的。拿了别人的经历往自己身上套，结果反而弄巧成拙，哭着哭着，眼泪就没了，可是哭戏要继续下去，有眼尖的观众，一眼就看得出那人在逢场作戏——干号。这就不妙了，起初还是一两个人在笑，转眼间局势就变成哄堂大笑了，弄得评委们亦是忍俊不禁。

最后夺冠的，总是那天生哭功厉害，眼泪水特多，一哭就翻江倒海，一哭就撕心裂肺，一哭就肝肠寸断的。台下观众，有的自以为铁石心肠，有泪不轻弹，可是也在不知不觉间泪湿衣襟。

一场痛哭，一场告别。比赛的人，哭过之后，感觉自己死了一次。现在，他告别不幸，告别灾难，告别痛苦，重获新生了。观众，往往也被别人的哭触动，本来是来旁观的，结果也变成来哭的。只不过，他没有参赛，但他享受了哭。

该哭不哭，并不利于减轻精神负担。所以心理学家主张：该哭你就哭吧！强忍着你的眼泪等于自杀。

想必，哭的比赛也是印尼人的幽默与机智的体现。

舞岛神韵

印尼人善舞，舞兴浓，舞艺高，舞风厚。人们乐意把脚下的土地变成舞台，节庆舞两下，仪式舞两下，乐了舞两下，闲了也舞两下，有朋自远方来就更要舞两下，舞着舞着，海岛遂成了舞岛。

印尼民族众多，因此印尼舞蹈种类多，风格各异，有许多是世界闻名的经典之作。

苏门答腊岛的弄庚舞、伞舞、盘烛舞等民间舞蹈，优美，抒情，丰富多彩。弄庚舞，再现了一个国王被入侵的葡萄牙人打败后，仓

巴厘岛少女表演的黎弓舞

皇间携公主出逃，公主听说日夜思念的情人战死沙场后的忧伤痛苦情景。伞舞，表现了一对新婚爱侣相亲相爱的纯真感情。最难忘的是盘烛舞。在舞蹈里，夜色漆黑，可是少女偏偏在这样的夜晚将结婚戒指丢失了。唉，天亮以后，有人说我不忠贞怎么办？铺天盖地的流言蜚语又怎么挡得住？焦急的她燃起蜡烛，借着摇曳的烛光，细心地急切地寻找。于是，在这个没有月亮也没有星星的夜晚，我们看见舞者双手托着装有烛火的盘子，一边舞，一边击打盘底，清脆悦耳的节奏像一种内心的呼唤——啊，戒指，戒指，你究竟躲藏在哪个不为人知的角落呀？你快快出来吧！啊，寻找！寻找！无论是跪、扑、俯、仰、转腰、扭腕……不管动作如何复杂，这盘中烛火，是始终不灭的。因为，要找到戒指，无论如何要找到。

爪哇岛的古典舞蹈历史悠久，在印尼舞蹈百花园中具有举足轻重的地位。《罗摩衍那》、《摩珂婆罗多》的传奇故事，印尼历史上著名的宫廷或民间的爱情故事以及善恶斗争，成了舞蹈取之不尽用之不竭的灵感源泉。印尼民族瑰宝——佳美兰音乐有如夜空的

巴厘岛乌布度假村Balinese表演，表演者穿着传统的戏服

巴厘岛的莱贡舞表演

圆月，给爪哇古典舞镀上了明亮透明的光泽。舞者或戴着面具，或持刀具，或挽弓箭，或扛着刀戟等道具，融入扣人心弦的情节中。这时候，观看的人，就情不自禁地感叹，惊讶于身体语言的魅力，可以那么丰富，那么细腻，那么扑朔迷离，似乎神秘的远方也是触手可及的。等到最后，音乐停下来了，舞步也歇息了，观众沉浸在舞蹈中的心情却停不下来。

米南加保传统舞蹈

要说风格独特多样，自然是非巴厘岛舞蹈莫属了。猴舞热烈，莱贡舞妖娆，面具舞夸张，巴隆舞痛快，山哈央舞神秘……总之，来到巴厘岛，要尽情享受花样繁多的舞蹈盛宴就是了。

巴厘岛上的神话表演

莱贡舞是巴厘古典舞蹈的一种。成为或者当过莱贡舞演员是巴厘女性一生的骄傲。为何？因为太难。女孩子在五六岁时，被千挑万选之后经过七八年的悉心培养和严格训练，绝大多数会被无情淘汰。留得下来的就是脸蛋漂亮，身材苗条，气质动人，有着出类拔萃的灵性与悟性的佼佼者。莱贡舞的情节围绕古代的拉森国王拐走了达哈王国的公主的故事展开，一般是二主一仆三演员。演员舞衣华丽，身体柔韧，体态婀娜，头上的鸡蛋花冠散发出馥郁芬芳，明亮的双眼睁得又圆又大，顾盼生辉间，手中秀扇轻扬，舞步翩翩，头、肩、颈、腰、手、指流转自如。够优雅，够妩媚，够美妙，够迷人。

山哈央舞，是巴厘古典舞中流传至今的最古老的一种宗教舞蹈。在传统中，这是发生流行病或遭遇天灾人祸时跳的舞，通过舞蹈，人走近了神，神亲近了人。伴唱队唱着神的名字，舞者出场，向人们洒圣水，以示神的保佑。有些地方演出山哈央舞时，少女赤脚在火上跳，一直跳到昏昏迷迷、神志不清。也有站在男人肩膀上跳的，男人来回旋转，姑娘们却不会掉下来。冥冥中，神灵已经跋山涉水来了，附在了姑娘身上。舞者“灵魂出窍”后，在与逝者或亡故祖先交流呢，同时，“亡灵”也通过舞者来转达他们的意志。舞蹈，就染上了神秘的色彩，亦真，亦幻。因为大多在夜间表演，而背景，是在四周断崖耸立的孤岛上，波涛拍岸的声音，潮来潮去的声音，既渺远，又真切，这就是巴厘人的意境吧。人们相信，神来关照过了，心里就安宁踏实了。

独舞也精彩

在印尼舞蹈中，另一种具有本土气息的是战斗舞。加里曼丹、南苏门答腊、北苏拉威西、帝汶、伊里安查亚及马鲁古等地民间，都流行这种展现战场厮杀激烈情景的土风舞。舞蹈的演员以男性居多。矛和盾，这些古老的战斗武器是道具。“征战”的鼓点急切，“壮胆”的呐喊狂野，“进攻”的舞步刚健，“厮杀”的场景惨烈……在舞蹈中，男人看见了自身无畏无惧的英勇，女人读到了男人狂放不羁的阳刚，欣赏和自我欣赏都是各得其所，皆大欢喜。

所以，见识过让人眼花缭乱的印尼舞蹈后，就有一种感受：人在舞岛，不仅仅是人，就连空气中的花香都是跳着动着舞着的，那种扑面而来的气息，便是印尼人的味道——快乐多，忧愁少，自在多，拘束少。我想，舞步不停，也是一种生活态度。这是让人羡慕的。

巴厘岛上的神话表演

第四章　礼仪之美

说出爱，是一件很美妙的事情。可是说出口，却不容易。因为不知道结果是上天堂，还是下地狱。所以，要借一样彼此都懂的东西来表达爱。

在细节里美妙

□ 虽然语言不通，但印尼人的笑脸上满是友好与真诚

细节，必定不是惊心动魄的。细枝末节，微不足道，自然而然的有分寸，出自真心，发乎内心，你感受并且领略到了其间的情意，这样就觉得很美，很妙。

在印尼有一个主要的原则，说是“你掌握什么不重要，重要的是你认识谁”。人际交往成了认识与被认识的关键。某天某地，你们相遇，你们相识，彼此留给对方所有的美好或者丑陋就从第一印象开始了，像覆水难收一样。于是，礼节从把“请、谢谢、对不起、请原谅”等敬语挂在嘴边上开始，从肢体语言变得丰富多彩开始，从举手投足间能让人捕捉到耐人寻味的细节开始。

印尼人的许多细节很有意思。敬烟的时候，他们脸上挂着谦和的笑容，像那个早晨最鲜亮柔和的一缕晨曦。他从口袋中掏出烟来，熟稔地将烟盒先磕一下，使几支烟露出烟盒，然后再递到客人面前。客人取烟时，先将露出烟盒最长的那支烟按进烟盒，然后取露出烟盒最短的一支，以示谦虚。

他们忌讳别人摸他的头部，因为头部是神圣不可侵犯的部位，代表着一个人的尊严。忌讳别人用左手给他递东西，因为印尼人认为左手是不洁的，如你实在腾不开右手而不得不用左手递时，你一

在这幅反映巴厘人日常生活的绘画作品上，似乎可以嗅到鲜花的气息

定要说声“对不起”，以示歉意。印尼人在叫人、招呼人时忌讳随便用手，尤其是用食指示意，那也是对人的不敬。忌讳在正式场合翘二郎腿或两脚交叉等。

印象最美的细节与舞蹈有关，与插在耳际的一朵鲜花有关。

巴厘岛乌布度假村的绘画举世闻名，这是代表作之一

在风景如画的巴厘岛上，空气里暗香浮动。来了，来了，一群花枝招展的巴厘少女，沿着村庄的小路舞步轻盈地恭迎客人，她们戴着闪光的头饰，身穿多彩盛装。人群中有人忍不住发出惊艳的叫喊：舞者的明媚怎么似曾相识呢？对了，那是在英国画家杜拉赫的《巴厘岛的少女》里见到过的，甚至，也在初恋情人的眼眸里陶醉过。此时此地，令人顿生感慨：世界如此辽阔，时光如此悠远，邂逅越发显得难能可贵。

接着，她们按照当地的习俗，在每位远方客人的耳鬓上插上一朵鲜花。呵

祈祷

呵，她明眸闪烁，一缕羞怯遮掩不住的坦然，她此时无声胜有声地表达着内心的赞美：嘿，你有多美你知道不知道？你看你看，插上这朵花就更美更迷人了不是？于是你怦然心动，莞尔一笑放弃矜持。啊，原来自己也可以如此美丽的呀！此时此地，此情此景，在古老的敲打乐节奏的牵引下，要跳要舞要不顾一切放松身心的欲望就越来越强烈了。

说来似乎奇怪，一方面印尼人待人接物彬彬有礼，讲究礼节；另一方面，又特别显露率性，怎么舒适怎么做。他们喜欢打赤脚，这种爱好似乎与生俱来，也许是受大海的汹涌与动荡的影响，赤足，是可以放万颗心地亲近地母，步步安宁，步步踏实。在城里，人们习以为常地趿拉着木屐、绣花拖鞋。在乡下，随处可见跣足而行的人，男女老少，忙也好，闲也罢，但见漫步者散淡，劳作者从容，嬉戏者可爱……那份赤脚行走的享受，让萍水相逢的穿鞋人盯着赤脚人的背影都觉着舒坦。回到家，就席地而坐，席子干净而凉爽，男人盘着腿，女士跪着坐，在家就是舒适。

想想其间的道理，其实也简单：厚礼于人与厚爱自己，无非都是善待生命。

巴厘岛的传统节日里妇女们穿着色彩鲜艳的衣服

触摸善与恶的脉搏

在巴厘岛海滨享受闲适的惬意

到过印尼巴厘岛的人说，天堂也不会比这更美了吧。中国人爱说“不到长城非好汉”，而这个世界的许多地方，流传着“死前要去巴厘岛”的俗语。

南太平洋清凉的空气闲适地流淌着，挟裹着那些桂冠般声名远扬的名字和风一样吹送——“诗之岛”、“花之岛”、“舞之岛”、“神仙岛”、“千庙之岛”、“艺术之岛”、“天堂之岛”、“绮丽之岛”、“神明之岛”、“罗曼之岛”、“魔幻之岛”……听听，就很向往。那么浪漫，优美，宁静，澄澈，把诗的好画的美融会在一起了。

偏偏，就在这个宛如仙境的人间天堂，人们把世间善恶永无止境的纠缠演绎得淋漓尽致。

巴厘岛居民大多信奉印度巴厘教。教徒家里设家庙，家族组成的社区有神庙，村有村庙，故而岛上庙宇成千上万。他们相信死亡并不意味着真正的离去，只是角色改变了，肉体隐身了，灵魂花香一样存在着，故而岛上处处有灵魂。他们相信善恶神鬼之间势均力敌，不分胜负。人们祭拜太阳神、水神、火神、风神。最崇拜的三大神是保护神、创造神和毁坏神，前两个是好神，后一个是恶神。

巴厘岛神庙

为什么要崇拜恶神呢？答案是——对待善恶要同等重视，“拜他，是为了让他不做坏事”。

也是啊，恶神若是不惹是生非，世界便安宁了。那么，巴厘岛上，善的托付是为了指点恶的迷途知返吧。不管你会怎么想，只要是身临其境的来者，有意无意间，就触摸到了善与恶交锋时激烈跳动的脉搏。

巴厘岛“阴阳门”，又称“劈门”

在著名的巴厘神庙驻足，最为引人注目的是“阴阳门”的奇特。也曾涉足许多熟悉或者不熟悉的地域，见过进过许多门，门槛高的低的，气势恢弘的或者狭窄局促的，王宫贵族的或者布衣平民的……但是当一扇由中间劈开分为两半的门落入眼眸，你最先会意识到自己思维短路了。讲解的人说：“阴阳门”又称“劈门”。真是，真是，该当何想？

不是一家人，不进一家门。当进入的门只有一扇，当善恶狭路相逢，恶者执意独自霸占，善者又岂能放任纵容？彼与此互不谦让，所以只有“劈门”！好在连“劈门”这样的结果就已经意味着没有输赢，否则整扇门让恶者霸占那才真的是输到底了！回头，读读“阴阳门”上取材于著名巴厘舞剧《巴隆》的浮雕再现的画面，演绎的也是善恶永无结局的争斗。顺着这样的思路来想问题，也许能够给自己一个过得去的答案。

在这座岛上欣赏到的“巴龙舞”，俗称剑舞，更是把善恶势不两立表现得入木三分。表演的背景故事是《摩珂婆罗多》。同样是舞狮，中国的舞狮是纯粹的“武”与“乐”，而巴龙舞则是以传说故事为主，两位主角——巴龙代表古代善良正义的动物，而郎达却是象征妖法高深，且到处行凶作恶的古代动物。佳美兰乐器的伴奏贯穿整个巴龙舞表演。你站在人群中，心神不定地盯着恶魔郎达施展邪术，使得围追他的剑手无一逃脱地中邪，不可思议地用短剑猛刺自己的胸膛。一颗心都提到嗓子眼上了，甚至在这个永远是夏天的地方都觉得冷意四面袭来。好在法师站出来了，他破除了邪术，

扣人心弦的“巴龙舞”表演

剑手们才得以脱险。于是，你再次像触摸自己的脉搏一样，看见善与恶两种势力的均衡，看见永无止境的对抗。

突然地恍惚起来，这究竟是清醒呢，还是悲观？

海岛处处，随时随地能够与殷勤拜神的人们擦肩而过。遂想，如果某天，世间没有了善恶之争，别忘了巴厘岛居民劝恶向善的好心才是。

长大成人

巴厘岛的少女

身着民族服装的爪哇族儿童

印尼人生活在终年如夏的热带，童年似乎短暂许多，长到10～12岁就认为是成人了。就有割礼、洁身、锉牙之类的仪式，提醒着他（她）从今往后，挥手告别昨日的稚气。

割礼是犹太教及伊斯兰教的宗教仪式，就是为男孩子生殖器做去掉包皮的手术。在印尼的爪哇、米南加保、马来、巽他等民族，割礼是男孩踏入成人门槛的第一步。

这是个吉祥的日子。祝福的宾客纷至沓来。头上缠着头巾，一袭洁白端庄的长袍、长裤，同一天行割礼的男孩乘着马车在村上或者街上绕了一圈，他们相望的眼神里，有一点遮掩着的羞怯和有意张扬的勇敢。在屋前的彩棚里，掌刀的割礼师在等着他们。男孩在割礼前的咒语中不经意地闭了一下眼，更加确信了男人经历的这一关有多么意味深长。手术完毕，男孩就添了一顶北芝帽、一件圆领白衬衫、一条新纱笼，这是父母赠送的礼物。接下来的夜晚是个不眠之夜，家人陪着聊天到天亮，让想要作祟的妖魔鬼怪找不到下手的机会。一夜之间，男孩就长大了。

洁身仪式是专为女孩月经初潮来临举行的。在这个惊慌失措的起点上，女孩的身体在春潮荡漾中盛开第一朵艳丽的花。她被幽禁在自己的卧室里，门楣上挂着柔嫩的椰叶。外人及任何男人，连通往她卧室的走廊都不得靠近。大人，让她独自静静地聆听花开的声音。然后，初潮退去，巫师为她净身。

参观印尼独立纪念碑的雅加达女学生

之后，有一场由风俗礼仪长老亲自主持的仪式在村中举行。少女被精心打扮过了，她如瀑的长发上，戴着散发清香的鲜花编织的桂冠，绣花衣裳光鲜照人，亮闪闪的耳环叮当作响……一名身强力壮的男青年，艳福不浅，担负着将这个妩媚的娇女扛进大厅的重任。少女坐到了仪式台上，长老盘腿坐在她对面。人们惊讶于昔日的黄毛丫头长成了窈窕淑女，端详着，看长老把香花水喷洒在少女身上，再把圣水洒在少女手上。看她伸手，先捧饮圣水，再取圣水往光洁的额上涂去。接下来，她坐着彩轿前往家庙拜神。锣鼓一路陪伴，长矛队、彩旗队前拥后护。拜神的时候，那些德高望重的老者在一旁唱赞美诗，赞叹女孩天资聪颖貌若天仙。回到家，家人要祭祀神灵，祈求保佑；要摆宴席，招呼宾客；要上演皮影戏，娱神娱人。

巴厘岛上卖贝壳的小女孩

印尼的巴厘、巴达、门达威族及苏拉威西岛某些民族的儿童，进入成人期还有一项不可或缺的仪式——锉牙，将上颚的门牙和犬牙锉平。因为，在人们眼里，门牙和犬牙，容易让人联想到野猪和妖魔的獠牙，不够好看。牙齿锉得整整齐齐，是一种美的装饰，同时，这几颗牙齿还代表着懒惰、不信教、不坚强、爱吵嘴等罪恶，锉平了，才能摆脱恶习，什么酸甜苦辣都敢品尝，什么艰难困苦都不再害怕，自己也能够尽善尽美起来。

在潜移默化的礼性濡染中，也不知哪一天，成熟的气息就爬上了眉梢落入了眼睛。

婚礼这道界线

印尼达雅族男女的婚礼中，有个意味深长的细节——新郎新娘身着漂亮的民族服装，按女左男右的位置站在磨刀石上，一起握住“结亲网”，同时由长者主持宰猪仪式，让猪血洒在木屑和一把剑上。

婚礼是一道界线 —— 一张结亲网，让两个原本互不相干的人，站到了同一块磨刀石上。这样的婚礼语言，你可以作出许多种合情合理的解释。

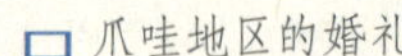

爪哇地区的婚礼

不同的国度，婚礼习俗千差万别。在印尼众多民族的习俗中，人们跨越婚礼界线的方式也是各有千秋的。

爪哇族的婚礼场面

爪哇一些地区，出嫁前几天，专门安排家族里受人尊敬的老妇为女孩子身上涂抹香脂，使得新娘身体有着凝脂般的纯洁美丽。婚礼前一天，姑娘坐在铺满花片的浴室里洗鲜花澡。年老的妇女负责从一个浮满花瓣的水罐子里舀水浇到姑娘身上。沐浴之后，水罐由村里德高望重的女人摔碎。这以后，姑娘就一直待在自己的房间里，任由别人给自己梳妆打扮。婚礼这天，新郎由两个上年纪的妇人领进起居室，新娘便脉脉含情地向新郎走去，相距约3米时，两人同时向对方撒树叶子。然后，赤足的新郎要从一个放置在大铜盘里的生鸡蛋上走过，踩碎鸡蛋。这时，新娘跪下身来，双手伸入清水中，轻轻地撩水，替新郎把双脚洗干净。据说，这是爱、敬重、顺从的体现。接着，两人同入洞房，新郎把自己的礼品悉数交给新娘。他用这样的方式，表达从此以后，他所挣得的一切都属于她。之后，双方同返起居室，坐在新娘父亲的双膝上。新娘母亲问："哪个重？"父亲答："一样重。"表示新娘父母把新郎当做自己亲生儿子看待。

望加锡族人是信仰伊斯兰教的民族。婚礼中，要念《古兰经》，还有驱鬼的仪式。在婚礼前夜的仪式上，参加婚礼的有地位的人、阿訇和其他嘉宾将放在盘子中的水、油、面粉、科伦提伊叶等混合在一起，涂抹在新郎的手臂和头上。据说这样可以使新郎驱凶避祸。也是这一天，夜深人寂，由女眷看护着的新娘，在一个上了年纪的妇女的指引下，新娘要吸足一口气往一个瓶子里吹。新娘一边吹，老者一边念咒词，然后马上把瓶子塞住，保存起来。婚礼之后的第四天清晨，老者悄悄地把瓶子带到野外，四顾无人，就将瓶子塞打开，说："回到你来的地方去吧。"

也许，婚姻本身是一道沟坎。过去的那个带着稚气的男人女人，在婚姻中变成新人了。所以，跨过去，是一场告别：告别稚嫩，告别懵懂，告别莽撞……往日的种种不好，都别再纠缠了吧。

爪哇岛的传统婚礼

结婚的当天，新郎享受坐竹筐去迎亲的特殊待遇。抬新郎的，自然是男方的亲族了。等候迎亲队伍到来的女方亲族们，高声诵读《古兰经》。新郎进屋后，祭司清点记录男方带来的礼品。其中，少不了象征着多子多福的蜗牛。接着，新郎与祭司握手，很虔诚地熟诵《古兰经》。过了这一关，岳母就引领新郎来到新娘的身边了。新娘的心像小鹿一样怦怦乱跳，因为新郎已经绕到了她的身后，他轻轻的，缓缓的，伸出拇指，触摸她的颈部和肩部。她很有分寸地克制着自己身体的颤抖，因为她亲族中的老年妇女在场，并且是特意来观察新郎动作、表情和态度的。大家亲眼目睹了新郎的温柔体贴，就放心了。到晚上，女方设宴庆祝。等到宴席散尽，一对新人就在新娘的房间过夜。

第二天，新人拜别女方父母，在迎亲队伍的护送下，踏上了归程。这时候，新郎竹筐里就有新娘陪伴，就不再孤单了。

虽然，地域不同，婚礼习俗会迥然不同。不过，异中也会有同的。比如，彩礼是少不了的，或薄或厚；养育之恩是一辈子都报答不完的，所以父母是肯定要敬拜的；心情也要通过一定的方式倾诉，有的哭嫁，有的唱喜歌；平安吉祥是人人都祈盼的，最重要的，是要抵达幸福美满！

抢或者逃

说的是爱情与婚姻，不是钱财与债务。抢婚是男的抢上门，逃婚是女的送上门。

说起来，印尼人的婚姻，大多是走求婚、订婚和结婚三步曲的。但在少数地方，抢或者逃的婚姻习俗还依然存在。

传统的婚礼

龙目岛上的抢婚习俗，往往是因为许多男子同时对一个女子产生爱情。这也是没有办法的事情，人人都有爱与被爱的权利。既然可以抢婚，就可能今天这个来抢，明天那个也上阵，或者大家一哄而上，把人生最美好的事情闹得风雨满城。所以，与女子感情最好的男子，就与女方密约好，在某个夜晚或白天进行抢婚。

密约的一对情人，恰似惊弓之鸟，躲在无人知道的地方。难题交到了当地的村长手上。女方就焦急，四处找寻。倘若半路上相遇了，或者男女藏匿的地方被发现了，就会发生激烈争夺。这时，男方有本事的话就再次抢走女方躲起来，立即成婚。要是人家的闺女被其家人坚决果断地抢回了，就宣布取消婚姻。不过，男方也不会就此作罢的，还会有第二次抢婚。在这种情况下，必须罚男方赔女方20头牛等物品。呵呵，看你还抢！不过，女方通常也是通情达理的，不会强索强要。

达雅族也有“抢婚”，既抢得热闹，又抢得喜气。

那个情郎抢走心爱的姑娘后，还大胆地留上标记。姑娘的父母就“气急败坏”地率领一班人马，带着绳子，操着刀具，拿着棍棒，“气势汹

这一对喜不自禁的新婚夫妇头饰多漂亮

汹”地去“追赶”。看热闹的人群越多，追赶的队伍越是扬扬得意。一路上，似骂非骂，讲自己养大女儿有那么容易吗？啊？敢来抢，我让你抢！你等着，让我来收拾你！然后，就毫不留情地把男方拴在路上的鸡、猪、牛通通杀掉。最后，他们冲破男方院子前的篱笆，找到了“冤家”门上。这时候，男方队伍就敲着锣，打着鼓，唱着歌冲出来，迎战。偏偏，就在此时，男方女方各走出一位专司礼仪的长者，清了清嗓子，提高语调，抑扬顿挫地念起了祝词。一唱一和，说的全是天做良缘天长地久之类的祝福。于是双方和好，进宴席。烟酒饭菜，早备好了。酒足饭饱之后，回头再折回女方，举行婚礼。

马布尔人的婚礼也很奇特。姑娘们终于有了自己心仪的男人后，也不跟父母说。某个夜色迷人的晚上，她带上随身衣物，把自己稍微修饰了一番就离开了家。这个大胆追逐爱情的女子，走在夜路上，只有清风明月相伴。其实她并不能完全确定最后的结果是个好果子，但是，她选择了自由的爱情。她敲开了心上人的家门，住下。三天后，男青年就例行公事似的去姑娘家求婚，不过，女方一概会尊重女儿的选择。接下来的一个月，是新婚夫妇的“试婚月”。如果双方满意，就可以放心白头偕老；倘若不满意，女方必须退还订金，还接受订金三倍的罚款。从此桥归桥，路归路。

巴厘岛一带也有抢婚习俗。姑娘带着简单的行装，在预订的时间、地点等候恋人带着人来“抢”。被抢时，姑娘也要做出反抗的样子，不过，明眼人一看就知道是装出来的，作秀而已。所以，旁观者中也不会站出个傻大冒去“英雄救美”。按习俗，这对情侣都藏身于邻村朋友家里。到一定期限，两家人和解，婚姻关系就名正言顺了。

爱情就是这样，花样繁多，所以生活里才有美妙的回忆。

男儿嫁，女儿娶

印尼一些地方流行“男嫁女娶”。

盛装打扮的巴厘岛女孩

生活在苏门答腊岛上的亚齐人，保留着男方到女方落户的婚俗。日子一天天过去，黄毛丫头长成亭亭玉立的大姑娘了，就把娶个好男孩回家列上了议事日程。你若看见村头有人家盖新房了，那必定是父亲盖给女儿结婚用的。

婚前三日，女方要做一系列准备。按照习惯，要请村子里德高望重的长者出来主持仪式，家家户户接到宴请就纷纷备了彩礼来祝贺，隔壁邻舍，要来帮忙张罗。在一起长大的姐妹，以后还是要在同一个村里生活。因为不用从此各奔东西，所以不会伤离别。待到良辰吉日，新娘穿上结婚服装，满心欢喜地等待新郎到来。

新郎呢，要嫁人了。做父母的，在一阵阵喜气洋洋的吹奏乐声中，眼见朝夕相处的膝下男儿穿上结婚礼服、骑着马由亲戚陪同渐走渐远，心里有些空，唯一能够安慰自己的，只有祝福。新郎依依不舍地拜别父母，踏上了出嫁路，心情是很复杂的。生活还在继续。可这一走，是个分水岭，从前是婚前，以后是婚后。终于，要步入新娘家了，人们按习惯要往新郎身上撒米粒。他知道，人们期待以后的日子多产多收，而这，也是自己的心

穿着传统服饰的年轻人在谈天说笑

愿。然后，步入新娘的房间。一张凳子等着他坐下，而他，等着新娘在他膝上坐下。这时候，他与他的新娘，共一个碟子吃饭，以后就同舟共济了。

结婚那天新娘用凤仙花染红指甲

米南加保人，也保持着男嫁女娶的传统婚俗。谁家有男初长成，就有人家派了亲人主动登门，来向男方求婚。若男方合意，女方就送给男方一枚定亲戒指，还要筹集一笔可观的礼金送给男方，而男方回聘的礼物只需一把缝纫尺。女孩子接到这把尺子后，就用它量尺寸，缝制新衣新鞋送给未过门的郎君，传递内心的温存体贴。

举行婚礼的前几天，新郎和新娘足不出户，静心修养，以避邪祸。在女方，要单独举行一种特殊的仪式，称为“凤仙花会”。凤仙花极小巧精致，宛若一只只展翅飞翔的凤凰。传说中，凤仙花是凤凰的化身，因此是一种富贵、吉祥的花。仙花也称为“好女儿花”，大约与其有极强的适应性有关，因为她的种子落到哪里都能开出好花结出好籽。凤仙花也叫“指甲花”。很奇怪，没有谁传授，可是许多女孩子，都有过用凤仙花染指甲的经历。现在，要结婚了，要正正规规染一次，算是与少女的天真告别吧。这一次，是最后一次染，由姐妹们亲自动手，就染得更经心，不随意。因为，要带上这样红颜一样的色泽，走进生命的下一段旅程。

结婚这天，新娘美得像朵娇艳的花。有一点点娇羞，可是她要娶新郎，所以就尽量大方，不失体统。新郎接进家门了，要一起坐在客厅的台桌上，接受亲友的贺礼与祝福。等到喜宴结束，新娘就送一条新纱笼给新郎，还带上礼品陪新郎回“娘家”，俗称“送礼饭”。第二天晚上，新郎又被迎回女家。第八天，新婚夫妇再回男家居住。在此三天后，新郎送一些布和饰品给新娘，称“做三朝”。自此之后，新郎就和新娘正式回到女家了。

妇唱夫随，能够安心过好日子也是美满的。

在喜庆的日子里，笑容常常挂在年青的脸庞上

借一样东西表达爱

苏拉威西多拉查族女孩

说出爱，是一件很美妙的事情。可是说出口，却不容易。因为不知道结果是上天堂，还是下地狱。所以，要借一样彼此都懂的东西来表达爱。

印尼各民族都有独特的示爱方式。千差万别，说的却是一个意思——我爱你，你也爱我吗？

比如，在路上，人们看见一个多拉查族年轻男子，牵着一头水牛，往张家的姑娘家走去。大家都明白，这小伙子心仪张家姑娘了。然后牧师被请来了。仪式上，牧师先问男方："是谁送的牛？"男方就如实回答了。牧师又问女方："你接受了？"如果女方说愿意接受，那么，这个多拉查族年轻男子就知道张家姑娘也是爱慕自己的。

萨萨克族青年既浪漫又实在。他们喜欢把求爱的舞台搬到海上，然后用香蕉和糯米糕表达爱。每一年，他们都要选择一个认为海神出现的吉日，在沿海的海面上举行联欢。姑娘小伙子们各自划着船，唱着歌，笑语飞扬地在碧波荡漾的海面上穿梭。划船的小伙子远远地寻到了意中人的踪影，手中的橹就摇得更起劲了。他要追过去，靠近，再靠近。终于，两条船挨近了，他把事先准备好的香蕉和糯米糕投到了姑娘的船上，姑娘没把它再扔回来，小伙子就乐死了。这时候的情形是怎样的激动人心啊，两个人的怦然心动，让年轻的脸庞在一瞬间被爱情燃烧得火烧云似的。

舞姿翩跹的青年学生

生活在加里曼丹岛的达雅青年人，最期盼每年例行的下田仪式。为何？因为下田仪式烧荒所产生的木灰，成了最珍贵的求爱语言。这时候，人们点火引燃的不仅仅是荒草覆盖的田埂，而且是年轻人心中爱的火花。姑娘们心有所待，听着火苗噼啪作响的声音，心跳就加快。在仪式完毕后，男青年正好可以向女青年求爱。那场面有些乱，有些嘈杂，有些说不清道不明的意味，可是大家都心知肚明，只要拾起烧过的木灰，涂在意中人的脸上，就可以表达爱了。就这么简单，倘若被涂的姑娘，羞红了脸，或者故意装着气鼓鼓的模样，也从地上捡起草木灰，报复似的向男青年脸上涂去，那么，一座通往甜蜜爱情的桥梁就在他们中间架设起来了。

在曼泰岭和巴达地区，人们借“树叶语”传情达意。两个人也不见面，也不通信，小伙子只托人给姑娘送去一组树叶。姑娘根据这几种树叶名称的谐音，就能够理解小伙子的心意。

生活在伊里安查亚的米米卡族，求爱是女孩子来完成的。姑娘要是迷上了某个男子，她会将烤熟的沙莪（从沙莪树干中提取加工而成）赠送给对方。如果男子接受了，她就得到了自己想要的爱。否则，就只好独自伤心难过了。

借一样彼此都懂的东西来表达爱，和直接说出爱，两者之间，就在于委婉含蓄和直截了当的不同吧。其实本质上也是一样的，爱就是爱，不爱就不爱。

逝者如归

生命的终结有如叶落，是再自然不过的事情。在印尼，人们用土葬、火葬、天葬、水葬等几种方式，给远去的人送行。

有的简单，有的繁复。

印尼各地的伊斯兰教徒、天主教徒及基督教徒死后大多直接进行土葬。一些印度人、华人后裔大多直接火葬。

某些达雅部族，亲人们为亡人的尸体洗最后一次脸，擦最后一次身，然后，找个地方便掩埋了。不用操心碑铭，因为压根就

巴厘岛村民赶来参加火葬的仪式

祈祷

没有墓碑，以后，也不用上坟祭奠，因为大地上没有丁点标记。生命离去，就永远消失了，不管生前有多爱。这也是豁达。

生活在龙目岛上的德班果族，找一棵经得起风吹雨打的大树将死者捆缚在上面就可以了。巴都依族人，习惯了用布将死者包裹好，安置在野兽不常出没的密林深处。伊里安查亚地区的阿色基人，把遗体用烟火熏过了，装进竹编的筐子里，然后搁到人迹罕至的岩石上。这个地区的某些民族，则把死者装进独木舟，送进河海，告别，就是目送着轻舟如叶，越漂越远。

近年，印尼一些保持传统民族特色的葬礼习俗，或是因为独特的生死理念，或是因为耐人寻味的丧葬细节，引起国外游客和民俗专家的浓厚兴趣。

印尼华人陵园

最吸引眼球的，是认为“死去比活着更为高尚”的多拉查人的葬俗。葬礼上，要宰牛祭奠。据说宰的牛越多，死去的人到造物主身边报到时，就能享受越多的优待。那些即将走上祭台的水牛，无一例外地要先决斗高低。虽然是不管输赢都被宰杀，可是拼死斗一场再陪伴高尚的主人去报到，至少也像个勇士。

多拉查人的墓地真的很像另一个世界。大山深处，林木苍翠，溪涧潺潺。先到的死者已经在山洞里安息许久了，十年，百年，甚至千年。奇怪的是，悬崖峭壁间，隐约可见人头攒动——原来那是矗立在岩洞外的一排排木刻的死者雕像，高矮胖瘦，全和生前一模一样。大伙儿挤挤挨挨，热热闹闹地张望着，有的依然和生前一样喜笑颜开，有的还是满脸随和的老好人样，有的始终端着严肃的官架子放不下来……虽然是这样，大家还是没有高低贵贱地朝朝暮暮在一起了，像另一个世界的大家庭一样。遗体送到墓地后，亲属们也一一抚摸过逝者的遗体，号啕大哭，因为棺柩马上就移入背后的山洞了，从此不再见面了。三天过去了，丧家要举行一场引导死者灵魂升天的仪式。总是这个时候，深夜两点，天空特别空旷。妇女们来了，排成一行，跟在受人尊敬的长者身后，依然是做出肩扛死者的姿势，默默无语地走向森林。然后，就来到了指定的地点——"咿……咿……咿……"她们齐声高喊的声音，伴随着死者升入天国。人间不再有他眷恋的事物了。这时，夜宿的禽鸟惊醒了，只有它们目送这些不许回头探望的妇女了。

葬礼

在艺术氛围浓厚的巴厘岛上，巴厘人火葬的葬仪也是别具一格。巴厘人认为，人死后，火化能消除死者一生的罪孽，使灵魂早日解脱。死者的遗体一般先安放在家中，或者先土葬，等到一定的时候才火化。之所以要等，是因为有太多的准备工作要做，制作"木牛"（装殓尸骸）、"巴代"（装饰华丽的火葬塔）和"阿代干"（用椰叶编织死者的模拟头像或木板画像），还要把家里家外装点一新。

火葬的日子到了。佳美兰音乐一响，村里人都争先恐后地赶来了。这么积极干什么？赶来抬尸体呀。只见死者的一个亲人手脚麻利地爬上一棵大树，"梆梆梆……"地一阵猛敲，宣告仪式正式开始。出发了，壮汉子齐刷

华人陵园

巴厘岛火葬

刷地抬起“木牛”、“巴代”，在死者的庭院里小跑三圈，说是为了把死者转得头晕目眩，辨不清东西南北，从今往后，安心去天堂，不用惦记着回家操心了。出家门，人们就看见一支浩浩荡荡的大队伍，佳美兰乐队走在最前面，紧跟着是舞蹈队、“木牛”、“阿代干”和“巴代”。队伍照规矩，仍然走弯弯曲曲的路线，目的是避开凶神恶煞，让死者灵魂迷失回家的方向——总之，是放心踏上不归路。

到达火葬场了。死者近亲割开裹尸布，祭司上场，念诵经文和咒词，将“阿代干”放在尸体上，喷洒圣水，然后把盛圣水的瓶子打得粉碎。接着，用火石引火，“木牛”、“阿代干”和“巴代”和祭物，全部付之一炬。晚风吹得椰树摇曳，而那猛烈的火光映得远近通红。外人或许不相信，这是一场葬礼，因为，悠扬的音乐自始至终萦绕着，听不见哭声，看不见眼泪，死者家属的表情安之若素。巴厘人认为，如果过分悲伤，将会妨碍死者灵魂自己升天。

等到夜幕降临，亲属们将骨灰收拾起来，装入椰子壳内。在祭司祈祷下，亲属们捧着骨灰走向海边。海水，将带着死者的骨灰去远方。

第五章　赤道留痕

在距离印尼古代文化中心日惹市东18千米的地方，领略印尼境内最大、最美丽的印度教庙宇普兰巴南寺庙群。在由240多座庙宇组成的寺庙群间，体会停留在岁月深处的恢弘大气。

佛教圣地婆罗浮屠

婆罗浮屠（Borobudur）是印尼的一处佛教圣地。关于“婆罗浮屠”的含意，一种说法是“山丘上的寺庙或僧院”。另一说法认为其全名是“菩弥萨巴拉菩达拉”，意思是“菩萨的10个阶段德业所聚的僧院”。而这10个阶段分别为——地狱、饿鬼、畜生、阿修罗、人、天、声闻、缘觉、菩萨和佛。

那时候，大约是公元850年，在距今日惹市西北约41千米的一座土丘上，据说是笃信佛教的中爪哇夏连特拉国王为了收藏佛祖释迦牟尼的一部分骨灰，动用90万名奴隶，花了10多年时间，修成了世界上最大的佛塔——婆罗浮屠。千余年光阴，一日一日算或者

佛塔雕像的深刻寓意给人以启示

蓝天白云映衬下的婆罗浮屠壮观而美丽

一年一年算都称得上漫长。婆罗浮屠便古老了，成了一处古迹，与中国万里长城、埃及金字塔和柬埔寨吴哥窟一起，被誉为古代东方四大奇迹，联合国教科文组织将它列入世界文化遗产名录。

塔是实心塔，无窗，无梁，无柱，200万块火山岩石成就了它的壮观。它长宽均123米，高达42米，共9层，分塔底、塔身和顶部三部分，外形是阶梯状的锥体。佛塔的设计与佛教“天圆地方”说和“三界”说有机结合起来。基层为“欲界”，二至六层为“色界”，都呈方形，隔数步有一石壁佛神龛，安放着432尊神态各异的如真人大小的盘座佛像。第七层以上为“无欲界”，呈圆形，是塔顶的脚座，共建有72座

婆罗浮屠佛塔

环绕着大塔而立的钟形小塔，塔内各罩一尊精美佛像。佛像的目光慈悲着，仁厚着，睿智着，看见你走在该走的路上，可是偶尔也迷惘着。于是你若有所思地端详他们，在潜意识里琢磨着他们“指地”、“施与”、“禅定”、“无畏”、“轮转”等宗教象征浓厚的手姿。人生的经历究竟应该怎样？你慢慢地寻思，寻思，渐渐地，也有所悟，有所得。

婆罗浮屠有过怎样的经历呢？

当初，佛塔经历了150年的香火鼎盛时期。公元10世纪末，信奉印度教的达尔玛旺夏王国取代了夏连特拉王国的统治权，婆罗浮屠从此香火寂寥。岁月无声走过。一场无从预料的地震来临，麦拉比火山反复无常地爆发。漫天灰尘将塔面严严实实蒙住了，火山泥浆将塔座埋在了土层底下。一个又一个世纪面无表情地走过，飞鸟衔落的种子，风中飘落的芥子，一起在肥沃的火山灰里生根发芽，长成参天大树。后来，森林覆盖了整座佛塔。

气势恢弘的婆罗浮屠是一座实心塔，无窗，无梁，无柱，200万块火山岩石成就了它的壮观

1814年，酷爱研究印尼历史的英国驻印尼总督莱佛士，成了第一个察觉密林深处隐秘的人。是谁的牵引？还是他有心，佛有意，让他恰好遇见了这样的机缘。让一个在热带雨林中迷梦一样整整沉睡了数百年的奇迹，又奇迹一般苏醒——让你在接受这个信息的时候有那么一阵恍惚：是不是那些参禅的智者思考得累了，偶尔了无心机地打了个盹，醒来后就让人生不过百年的好几代人错过了跟他们交流的时机。

1973年8月，为了挽救损毁严重的婆罗浮屠，印尼政府在联合国教科文组织的资助和国内各界人士的捐助下，花了10年时间耗资1.6亿美元将婆罗浮屠全部修复。

也许正是这样的失而复得，才令每个来者懂得更加虔诚地走近，更加用心去聆听那镌刻在火山岩石上的经典。有心人，行走在左右壁面都是应接不暇浮雕的回廊上，或多或少

婆罗浮屠让每个满怀虔诚的登临者心有所获

婆罗浮屠佛塔的雕像

的就找到了人生千回百转的滋味，目光所及除了湛蓝的天空，就是那些美轮美奂的浮雕。那些吸引人的浮雕，据说表现《佛传》、《本生事》和《华严五十三参之图》等佛教故事的有1460幅，装饰性的有1212幅。本来，塔内众多的佛像、石雕理应有着深刻的寓意，但是，迄今为止人们能够理解的仅占20%。像《独醒图》表现富贵不能淫的思想，《救世图》歌颂佛的慈悲宽宏情怀，《身教图》教育世人切记不要冤冤相报，而剩下的很大一部分就无从理解了。当然，作为一种启示，领悟，既需要时间，也需要用心。

那些虔诚修行的佛教徒须按照特定的路线登婆罗浮屠，从东面进入，按顺时针方向绕行。实际上，登临的过程也称得上是一次精神的修行。每个来到塔顶平台的人，但见海阔天空，麦拉比火山兀自烟雾缭绕，印度洋依旧烟波浩渺，为荣利缠缚的心便宁静下来了。

经典阅读

1991年，与婆罗浮屠佛塔同时被联合国教科文组织列入世界遗产名录的普兰巴南寺庙群，也是一部适合细细阅读慢慢品味的经典巨作。

白天，可以闲散地行走，徜徉。在距离印尼古代文化中心日惹市东18千米的地方，领略印尼境内最大、最美丽的印度教庙宇普兰巴南寺庙群。在由240多座庙宇组成的寺庙群间，体会停留在岁月深处的恢弘大气。原来，这些寺庙是陵墓和庙宇合二为一的啊，它们既保存国王及王室的骨灰，庙中的神佛又代表了国王及王后的化身。可惜，大部分神庙因风化及地震等自然灾害的破坏，只剩下残

普兰巴南神庙栩栩如生的雕像，带着梦幻中的神奇、精致与细腻，一一展现在我们眼前

高耸入云的普兰巴南神庙，美得大气，也美得精致

垣断壁，有的已沦为废墟，好在一些主要的庙宇经历沧桑变迁后，经过修复，风采依旧。

走着走着，就走在寺庙群模仿神话中描述的众神居住的马哈穆罗山间了。眼前这雕刻，不就是我们想象的神仙境界吗？这些取材于山川、莲花、奇异动物、人物和仙女的装饰图案，被叶片和枝条弯曲缠绕着，不正应和着梦幻中的神奇、精致与细腻吗？这些墙壁上完美地雕刻着的《罗摩衍那》的故事和比喻，不也能够让人心境祥和许多吗？

移步换景，现在就来到了寺庙群中最著名的印度教寺庙——罗洛章格朗寺庙前了。这座寺庙，相传是公元10世纪马打兰王朝的达刹王为供奉湿婆神而兴建的，曾于1953年重建。寺庙包括3座同心庭

位于日惹市的普兰巴南神庙和麦拉比火山

院，中心部分筑有8个圣殿，其中3个主殿分别供奉着湿婆、毗湿奴和婆罗贺摩这三位印度教中的主神。另3座寺庙供奉着主神的乘骑南迪（牛）、咸萨（鹅）和迦娄罗（鹰）。最高的神殿是湿婆殿，有46.5米高。三座主庙内均有高达4米左右的全身神像，其中湿婆庙内立着湿婆、湿婆之妻杜尔加的神像（当地居民称她为“罗洛章格朗”，意思是“窈窕淑女”），再就是他们的象头儿子甘尼士以及圣师阿加堤亚。我们仰视着，很放心地迎接神仙递过来的关照的目光。

普兰巴南神庙高高耸立

从傍晚开始的夜晚，尤其是花好月圆之夜，以普兰巴南寺庙群为舞台背景，欣赏号称“最好的芭蕾”的名为《罗摩衍那》的民族芭蕾舞剧，又是别样的感受。

开始了。200多名盛装演员，穿越时空把经典名著搬上了舞台。故事从十车王祭祀求子讲起，接着讲述三个王后生下了四个王子——罗摩、婆罗多、罗什曼那和设睹卢祇那，到十首魔王罗波

建于公元9世纪的普兰巴南庙，给人雄浑庄重的印象

□ 普兰巴南神庙一景　□ 普兰巴南神庙石雕之精美让人叹为观止

那被擒、罗摩与悉多团圆结束。中间，你看见罗摩被派去斩除危害仙人们修行的罗刹。罗摩拉断了神弓，赢得了遮那竭的女儿悉多的爱情。后来，在王位继承的争斗中，罗摩为了尽孝心甘愿流放，悉多情愿追随丈夫，罗什曼为了手足情也甘愿追随。婆罗多知道真相后请罗摩回去而不得。在森林里，悉多被罗波那劫往楞伽城囚禁在无忧树园。罗摩一箭射穿七棵树得以与猴王结为同盟。为搭救悉多而越海侦察的神猴哈奴曼带着燃烧的尾巴四处乱窜，引起全城大火，只好跳入大海逃回罗摩身边。大战中，哈奴曼将整座喜马拉雅山搬来，用仙草救活罗摩和猴军。罗摩用神箭一箭射穿罗波那的十首而大获全胜……

观赏的人津津有味，也痛快，也踌躇，也惊心，也动魄。沉浸在起起伏伏的扣人心弦的情节中，就忘记自己是观众了。这情形，怎么就和自己的人生亦有几分相似呢？

这样的夜晚，在普兰巴南寺庙后院的露天舞台上，天光慈爱，映照着印度庙黑黝黝的高高尖尖矗立着的美轮美奂的影子，如此曼妙的舞台天幕，如此赏心悦目的欣喜，世上难逢啊！印度文化讲的“天人合一”，“梵我一如”就是这样的吧。

多巴湖情思

多巴湖，一个如诗如画的湖。所以，在多巴湖地区，才有了《宝贝》、《星星索》这样深情婉转的民歌传唱四方。

多巴湖之所以成为印尼最著名的旅游景点之一，自然，是与其得天独厚的旖旎风光息息相关的。作为印尼同时也是东南亚最大的淡水湖，多巴湖更像是苏门答腊岛北部海拔900米高原上的一颗璀璨明珠。湖东西长约97千米，南北宽约24千米，最深处达529米，面积约1700平方千米，水域宽广深邃。人在湖岸，对着浩瀚而宁静的湖

船在画中行

多巴湖的湖光山色

面，心怀亦如湖水荡漾。3000多年前的火山爆发，让火山口变成了一只承接天雨的碗。偏偏又不是一只完整的碗，火山未塌陷部分，变成了湖心岛。湖中有岛，岛上有山，山上有树，树上有鸟……景致就变化多端。看景的人，也觉得这样的搭配不单调，挺丰富的。日间，看天光邀云影，湖光恋山色，令人流连忘返，正是这份和谐的明媚呀。月夜，见山如眉黛，水似明眸，众里寻它千百度，渴望寻觅的，也正是这样的宁静，这样的朦胧，这样的浪漫吧。

多巴湖的传说也勾人情思。第一个传说讲，古时有一位巴达女神梭多荷嫩拉，婚恋受阻，遗恨绵绵，便狠狠地跺脚，这一跺，就跺出个大湖。第二个传说道的是，天上的仙女要沐浴，巴达神王巴塔拉，就命天神下人间挖掘了这个湖。第三个传说就复杂一些。住在萨莫西岛上的一个渔夫，驾船打鱼为生。那天，就打上了一条大鲨鱼，上岸时，大鲨鱼却变成了美女，渔夫见了就喜欢上了。变成美女的鲨鱼其实叫香娘，她嘱咐过渔夫，永远不要把自己的身世告诉任何人。渔夫当然是答应了，发誓了。可惜，结婚之后，生下个好吃懒做的儿子，又屡教不改。渔夫恨铁不成钢，气得破口大骂："你这个鲨鱼生的魔鬼，给我滚，永远不要再踏进家门啦！"虽

美丽的多巴湖如同一幅画卷

然是无心之过，可是，一诺千金，违背了诺言，结果就好不到哪里去。最后，香娘又变回了鲨鱼原形，重返水中。人们说，香娘怎么能不恨呢？那些雷电交作的深夜里，是她找不到安慰自己的理由，才会愤怒地咆哮。所以人们在下湖捕鱼时，总要顺便捎带蒌叶与槟榔，送给在深处漫游的鲨鱼，求个平安。

多巴湖的人文景观更勾人情思。在迷人的湖心岛——面积630平方千米的萨莫西岛上，有个托莫村，村子附近的密林里，安放着葬于390多年前的西达布塔尔王的石棺。石棺正上方雕刻着国王威仪四方的头像。他的军事总司令和保镖的头像，依然日日夜夜忠诚地守护着至尊的国王。而国王一生爱

多巴湖畔的波隆屋独具特色

恋、却始终没能够在有生之年与之成婚的恋人的雕像，不即不离地站在石棺顶盖的后部。那么，他们之间，存在着怎样的阻隔呢？来此游览的人，会不会和我一样想：且把这感觉不到彼此体温的相守，当做是一种启示吧，爱要勇敢，爱要等待，爱不要错过！

在距离托莫村两千米的阿姆巴达村，人们可以欣赏到西加来加来木偶戏。木偶用榕木雕成，在艺人操纵下，能够活灵活现地做出眨眼、哭泣、抽烟等动作。关于这种艺术的起源，有一种说法是：萨莫西岛上住着一对恩爱夫妻，后来丈夫去世了，孤寂的妻子日夜思念，不能自拔，就把丈夫的模样雕刻在木头上，或搂，或举，或拍，或抱，就像他从来不曾离去过，依然可以向他表白心中的深情。再后来，她让巫师施展法术，让她可以在舞蹈中与丈夫的灵魂对话。从此以后，西加来加来木偶戏成为了巴达人殡葬仪式上不可或缺的内容，借此，向逝者传递情感。

于是，多巴湖的明媚里，又染上了点点滴滴的伤感。

多巴湖的景致明媚而宁静

光塔照耀下的城市

印尼首都雅加达，坐落在爪哇岛西部，椰林婆娑起舞的雅加达湾畔——一座在光塔照耀下熠熠生辉的城市。

这是东南亚地区最大的城市和历史最悠久的名城之一。从公元5世纪初芝利翁河口的“哥打”（城堡）居民点算起，距今已有1500年历史了。14世纪时，这里是著名的“东方香料”港湾，地名叫“巽他加拉巴”，椰林茂密，所以她便有了另一个名字——“椰城”或者“椰加达”。15世纪，改城名为“查亚卡尔达”，意为“胜利之城”、“光荣的城堡”，后简称“雅加达”。

光塔是雅加达市的标志，坐落在雅加达新市区中心独立广场上。这座耸立云端的民族纪念碑，是印尼第一任总统苏加诺于1959年下令修建的，高132米，顶端有一个用37公斤黄金烫面而成

雅加达缩影公园景色

雅加达缩影公园也称迷你公园

雅加达错落有致的建筑像一幅精心构思的画卷

的高17米、直径10米的火炬雕塑，象征着印尼“八月革命”的独立精神之火燃烧不息。无论白天，还是夜晚，这支金色的火炬总会发出耀眼的照亮心房的光芒。故而，印尼人民又自豪地称之为“自由之火”。

雅加达的魅力首先源于深厚的文化底蕴。徜徉在雅加达各式各样的博物馆，就能深切地领略到这一点。

光塔西边独立街的中央博物馆，是印尼规模最大、收藏最丰富的博物馆。馆藏的金银饰、青铜器、货币、古物、史前遗物、木器等，包括80万年前爪哇猿人头骨化石，中国古代的鼎、鬲、瓷器和古币，爪哇岛上的象首人身佛像，苏门答腊岛独特的房屋模型以及皮影戏、木偶戏道具……要是有时间，去军事博物馆、印尼历史博物馆、纺织博物馆、古代铭文博物馆、雅加达博物馆、皮影戏博物馆、瓦仰木偶博物馆、法塔希拉博物馆、海员博物馆慢慢走，细细看，收获一定也不小。

当然，雅加达的魅力还与其美丽迷人的自然景致分不开的。

市区草地如茵，花坛如锦，凤凰树翠绿的羊齿形树叶在风中

缩影公园珍宝馆的藏品

摇曳。每逢花期，这些街树开满密密麻麻的繁花，艳红的热烈，紫色的浪漫，白色的纯洁。花一边开一边簌簌地落，草地上、街面上便落英缤纷，走路的人便在心里慨叹着，原来身在花园城市里呢。

雅加达市郊的景点各有特色。最迷人的，自然是坐落在雅加达以南10千米的美丽的印度尼西亚缩影公园了。在这个珍藏版的印尼民族传统文化和多元宗教的露天博物馆里，全国的岛屿山川、都市港口、名胜古迹、风土人情，以缩影的形式艺术地展现在游人面前。公园占地120公顷，要是不坐空中缆车、小火车、客车、马车游览，徒步走，要花上整整两天呢。想要寻找快乐，那就到紧靠雅加达海湾的寻梦园来吧。这个印尼最大的游乐场所，据说是除了美国的迪斯尼乐园之外观光游客最多的游乐场所。此外，南郊著名的拉古兰动物园、西郊东南亚最大的兰园、爪哇海上的千岛群岛也都是值得驻足观赏的去处。

雅加达街景，车流如织

夜幕下的雅加达又是另一番景致

被称为“椰城”的雅加达，还是一座热闹而快乐的城市。就说庆祝国庆节吧，人们庆祝的方式也是五花八门的。比如，有被称为“树尖上的快乐舞蹈”的爬槟榔树比赛。每年的8月17日，为了纪念印尼的独立，人们就举行爬槟榔树比赛。这是雅加达的土著——巴达维亚人特有的习俗，也是首都雅加达庆祝独立日的各种群众活动之一。这天，雅加达的河岸、植物园有槟榔树的地方，彩旗招展，人们穿着节日的盛装，呼朋引

雅加达街上的马车

雅加达街景

伴地参加到狂欢的人群中。赛场上，高约5米的槟榔树早在原地待命，树顶插着迎风飘扬的国旗。树皮已经被精心刨去了，取而代之的是一层厚厚的棕榈油。众人拭目以待的比赛开始了。在掌声和欢呼声中，各由五六名精壮汉子组成的比赛队伍走进了赛场。为了对付油光滑腻的树干，参赛队伍纷纷拿出看家本事，或用绳索，或用破布，用得最多的还是泥土。那些帅小伙子们，不停往身上、往树干上一层一层地涂泥巴。可是树干太滑了，才开始抱住树干，还来不及往上窜就在众目睽睽中滑倒了，弄得狼狈不堪，自己都忍俊不禁。不过，经过一次次的攀爬，棕榈油厚厚的“衣服”总算被这些齐心协力的男人们一层层的“脱去”。终于，有一支参赛队伍脱颖而出，第一个达到树顶伸手触到了国旗的人，笑得像朵鸡蛋花。他的团队，还有观众，欣喜若狂地及时送上掌声与喝彩。

无论是参赛者，还是观众，通过这样的方式，想要表达的也都是自己对国家忠诚的爱。这就是雅加达的迷人之处了。

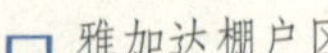
雅加达棚户区

雷都茂物

雷都有个富有诗意而又格外贴切的名字——茂物。

茂物植物园

自然，敢称雷都的，必定是名不虚传。茂物地处海拔265米的山间盆地，被四周海拔两三千米的火山环抱着。那些行进中遇到阻拦的热气流，在天空中酝酿成浓密的积雨云，起起伏伏的山岭在热带骄阳的照射下，热量的分布不均匀，导致了冷与热的强烈对流。于是，雷电一触即发，豪雨周而复始地来临。所以，这个城市一年要不厌其烦地迎接1400场雷阵雨，10天中，要享受8天电闪雷鸣，给植物分享的降雨量，每年有4600毫米之多呢。雨水，把一个城市变得眉清目秀，纤尘不染。走到哪里，呼吸到的都是凉爽清新的空气，看到的都是花木扶苏的繁茂，听到的除了鸟语啁啾，便是雷声轰隆了。出门关窗，带雨具；打雷了，不必惊慌失措地掩耳，这是习以为常的事情。

凡事都是有得有失的。你想要雷都的电子通讯、输电线路畅通无阻就成了苛求了，不是吗？至今，雷都也没有机场。不过，雷雨之后，玉宇澄清，大自然有着脱胎换骨的爽朗明媚。妙不可言的，是电闪雷鸣制造了大量的天然氮肥，随雨水渗入土壤后，城市的每一寸土地都成了沃土。

所以，到雷都避暑最好。

或者，来看茂物的样子。

到坐落在格德山麓的茂物植物园去。让园丁领路，沿着纵横交错的蜿蜒小径穿梭，就有了一种漫步草木天堂的惬意。

不虚此行的感觉真好。眼花缭乱的感觉真好。深深呼吸的感觉真好。惊讶的时候也惊喜。刀枪不入的铁木在一场雷雨后越发的乌黑发亮。板根植物根部怎么就露出地面十几米呢。故乡是亚马孙河流域的大莲花最娇艳诱人，莲叶出奇的宽阔，直径居然有2.5米，可以承载70公斤的重量，一叶成舟，一点都不夸张了。美名远扬的，自然是印尼独有的甘蔗兰了，馥郁的芬芳，花茎有3～5米，花朵的直径有15厘米，开花了，不开够上100朵就不过瘾，“兰花皇后”她是当之无愧的了。臭名远扬的，也是印尼本土独有的尸骸花，花朵与人高也就罢了，其丑无比也就罢了，每三年要臭一次，尤其到了傍晚，遇见的时候直叫人担心是撞见了腐臭尸骸。话说回来，要是见到了尸骸花，却又无缘闻到究竟怎么臭，也是一种遗憾。

世间的欣欣向荣就是这样的吧。山坡起伏，绿草如茵，草木葳蕤，溪涧潺潺，池塘静谧。安居此间的，是棕榈属、蔓生植物、藤类、仙人掌、羊齿类、兰花科、竹林和莲花等来自不同地域的1.6万多种分属于4500多科属的植物。一支庞大的植物队伍，一个浩瀚的绿色海洋。纷纷扰扰，却又井然有序。观赏的人，读着挂在植物

植物园里茂盛的树木

在茂物，可以呼吸到特别凉爽清新的空气，所以，这个城市自然而然地建有总统行宫

肌肤上的身份证，就了解了她的芳名，知道了它来自何方，懂得了绿色家族里的生命，在拥有自己名字的同时也拥有了尊严与地位。

这座植物园，是1817年英国驻爪哇总督史坦福德·莱佛士，为了纪念逝世的爱妻出资修建的。现在，已成为世界上最大的热带植物园。从这个佳木成林的植物王国，走出了一批批世界一流的植物学家，他们肩负着为不知名的植物进行鉴定、分类和命名的光荣使命，同时，以引进、培养、推广世界各国有经济价值的植物为已任。所以说，茂物的惊雷豪雨，也不是那么招人厌。

印尼茂物宫

井水洞山留去思

三宝垄——明代航海家三宝太监郑和的船队扬帆抵达的地方，如今是印尼第三大港和第五大城，华侨在印尼最早的聚居地之一。一个城市的名字，就这样与一个中国人的名字永久地连在一起了。

城西南郊，望安山麓，建有三宝庙，山环水绕，椰林掩映。相传，此地是郑和登陆的地方。庙是中国风格的庙。石狮、石人把守庙门，巍峨的三层牌楼，飞檐斗拱，飘逸而灵动。庙门正上方，镶嵌着“三宝圣祠”的石匾。最为发人幽思的，是大门上的一副对

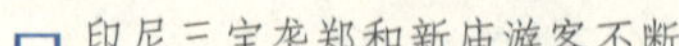
印尼三宝垄郑和新庙游客不断

三宝垄郑和登陆纪念活动

联，上联为“滇人明史风来世”，下联为“井水洞山留去思”。撰联人想要表达的，阅联人想必也能读懂。背井离乡，思念的心是一样的。无论走得多远，长江黄河都始终是血脉的根源。

进庙门，是正殿，朱红色的圆柱撑开的伞形殿顶下，供着郑和塑像。庙中有亭，亭下有铁锚，高约2米，据说是郑和船队留下的。还有苍翠古榕，寂然无声，为一艘当年郑和乘坐的“宝船”复制品遮挡异乡的风雨。

在印尼华人心目中，三宝庙里最神奇的是三宝洞和三宝井。到洞的尽头郑和全身塑像前，燃香，许愿，在心里默默祈祷平安。然后，移步到洞底，四方古井长流不断，一口清洌甘甜的三宝井水喝下去，清凉，舒坦，啊，真像是回到了久别的故乡啊！当地华人的意念中，三宝井的源头与中国泉脉相通。还有人认为，跳入三宝井中，亡灵就能够重返远隔重洋的中国老家。跳井当然是犯傻的事情了，可以当痴心看待。不过，每次来，少不了要捎带一壶三宝井水回家，就如同把故土的怜爱装回异域的家与家人分享一样。这样，一壶也许是千里迢迢带回家的三宝井水，意义就非同寻常了。这也是我们能够理解的事情：那些在印尼生活了好几个世代，从祖上的祖上就已经漂洋过海到这个岛国生活的人们，他们不管贫穷或者富贵，始终乡音不改的缘故了。中华文化，源远流长，流到的地方，也会润泽一方水土。而饮水思源，勿忘根本，乃华人本色。

据说，农历六月三十是郑和在爪哇上岸的日子。每年的这一天，印尼华人便从四面八方赶来三宝庙参加朝拜盛会。一路上，风尘仆仆，可是一听见锣鼓敲得震天响，看见狮子舞起来，龙灯耍起来，路途的劳顿便烟消云散了。因为觉得故土近了。很亲近。很亲切。很欣慰。

印尼三宝垄庆祝郑和登陆600周年

无人惊扰的世界

极乐鸟——美得惊人的鸟

伊里安岛被生物学家称誉为新物种的“富矿”。

科学家们说，2005年12月，他们在伊里安发现了一个“失落的世界”。事实上，那是人类不曾失落的惊喜——一个人烟不曾抵达的世界，一个丰富宁静的世界，一个完整和谐的世界。那里，佛伽山浓密的热带森林保持着最原始的状态。地披物地老天荒地绵延着，苔藓林呼吸着千鸟百兽的气息，干净的身子没有承受过人类踩踏的痕迹。

科考队的组织者布鲁斯·比赫勒博士兴奋地说：“这真像是越过了时间岔口，走到了另一个没有人来过的世界。我们就好像小孩子到了糖果店，在每一个地方我们都会看到从没见过的东西。”

“失落的世界”位于伊里安岛西部的最东端，坐落在海拔2200米的佛伽山上，面积大约为3000平方千米。山脚下的库伯部落，人口不多，世代都在山脚下打猎和采集药草。人们走出村庄，碰面的人少，倒是与凤冠鸠、小袋鼠、食火鸡、树袋鼠和野猪这些野外生灵相遇的多。

考察期间，科学家们被40多种新物种惊呆了。

一只身披黑色羽毛的奇怪鸟儿出现在山上一块沼泽湖地后的直升机前，不知道是喜还是忧地盯着刚抵达目的地的科考队。它长得像鸡，但却拥有奇怪的橘黄色肉垂。鸟类学家比赫勒兴奋地认定这是一种新的蜜雀物种，而且是自从1939年以来，在伊里安地区第一次发现新的鸟类物种。

不经意间，跳入眼帘的，是两只从没见过的鸟在蹦蹦跳跳地亲密接触。雄性鸟羽毛浓黑，喉咙一带有金色的羽毛，头部顶着6根精致的貌似金属丝的冠羽。雄鸟在一堆小树中间坐立不安，不断地拍打着自己的羽毛，并且哼出一种悦耳的两个音符的歌曲。这爱情的歌谣是唱给它求欢的雌鸟听的吧。两只鸟儿，沉浸在欢爱的世界里，完全不把科学家的窥探放在眼里。

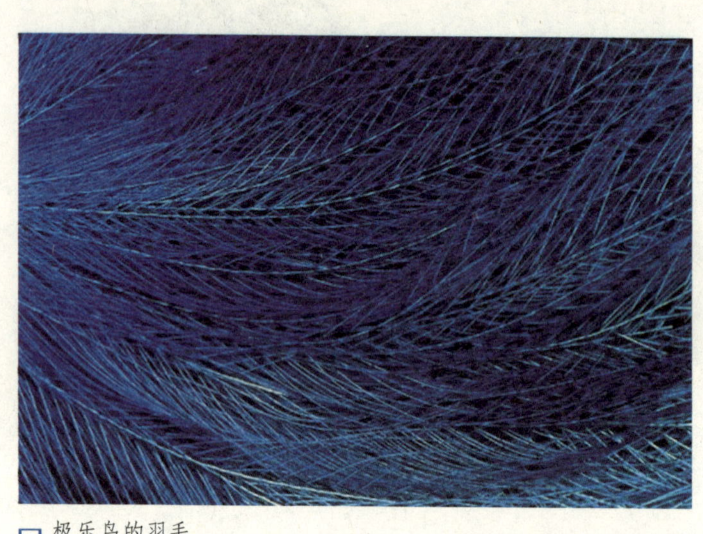

极乐鸟的羽毛

有谁曾见过这种生物呢？

终于，“极乐鸟”的名字犹如电光石火掠过科学家的心头，意识逐渐清晰起来——难以置信呀，有生之年，幸遇著名的“玛贝尔拉普施6丝极乐鸟”！而相关的记录还停留在19世纪，停留在德国鸟类学者玛贝尔拉普施的记载里，那时的人们曾见过这种美得惊人的鸟，但从来不知道它们的家在哪里。曾被认为早已灭绝的“玛贝尔拉普施6丝极乐鸟”，因头顶6根脊骨而得名。在向异性求爱时，头顶的6根羽毛会兴奋地竖起来并不停晃动。

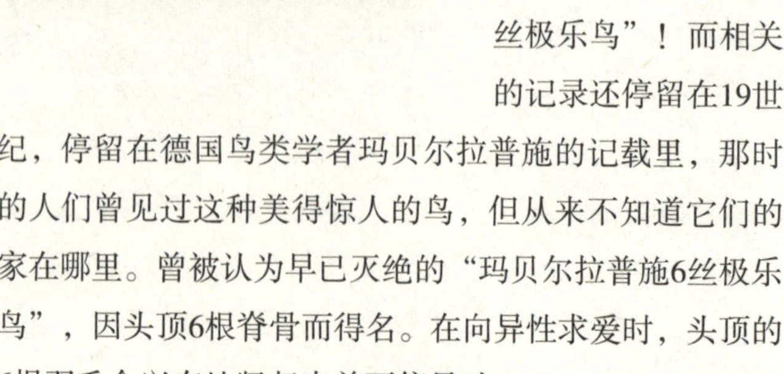

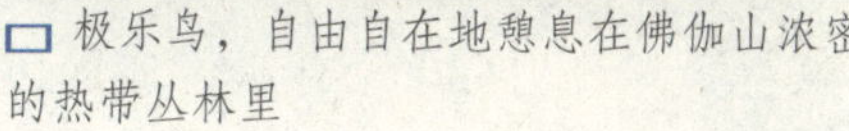

极乐鸟，自由自在地憩息在佛伽山浓密的热带丛林里

在佛伽山，科学家们还发现了稀罕的“金面园丁鸟”。这种鸟展开的翅膀宽达1米，雄性吸引雌性的方式是——构筑大型和奢侈的“华屋”，不停地掀起灌木丛中蓝色的浆果来吸引雌性眼球。1981年，贾德·戴蒙曾经发现了这种看似只有神话中才有的“金面园丁鸟”，这一发现就好像找到了鸟类学界的“圣杯”，曾引起惊奇一片。另外，科学家还发现了书籍上没有任何记载的专门食用蜂蜜的鸟类，留着6条小辫子的鸟，20种青蛙新物种，在世界上其他地方从未看到过的稀有的蝴蝶，5种之前从没有人见过的树种……

佛伽山，一个无人惊扰的世界，一个最自然最质朴的生态系统。世界本来应该是这样完整的。

旷古之恋

有着“爬行动物之王”美称的科莫多巨蜥

科莫多巨蜥对地球的苦恋，是一场感天动地的旷古之恋。

6500万年前，遥远的史前洪荒时期。是不是如人们猜想的那样，下了一场狂暴的昏天黑地的流星雨——从星际坠落的巨大陨石，与地球相撞了。然后，无敌霸主恐龙，在地球上消失了。

暴龙（巨型的食肉恐龙）的远亲——至今生活在印尼境内的科莫多巨蜥，在当时，目睹过暴龙们巨人般躺倒在飞沙走砾中没有？是不是因为惊慌失措，恐惧万分，张大的巨嘴100年还关不上？它们，又是凭借怎样的机巧和智慧，躲避了灭顶之灾？都无从知道了。不管怎样，活下来已经是奇迹。从此以后，守着日月，数着星星，生生不息，在灾难面前安之若素。到如今，赢得“爬虫动物之王”、“科莫多的龙”的美称。

那可不是浪得的虚名。它们的身体足有3～4米长，庞大，青黑，粗粝，脚上长有5个所向披靡的爪子，巨嘴中长有52颗锯齿状锋利无比的牙齿，体重达150公斤以上，寿命100多年。

400万年前，科莫多巨蜥开始在赤道附近的岛上游弋，渐渐地

太阳升起来了，科莫多巨蜥醒来的第一件事就是猎食

变成了地球上最强大的也是最忠实的食肉动物——无论何时，无论如何，它们都要为自己弄到肉吃。或者，从森林中攫取粗心的猎物，要是能够弄到偏爱的猎物，比如鹿、野熊、野猪、狗、水牛当然最好。或者，吞咽散发着臭气的动物尸体，比如被海水推到岸边的臭鱼，也将就吃。故而，它们吃肉，是为了活着。而活着，作为物种存在的意义，却不仅仅是为了吃肉这么简单。

在科莫多岛上，升起来的太阳，喊醒了在洞中过夜的巨蜥。它们睁开明察秋毫的眼睛，第一件事情就是猎食。一旦盯上了目标，不弄到嘴就绝不善罢甘休。有毒的牙齿和擅长劈、砍、席卷的尾巴，使得它们更易于攻守。伸出去长达0.5米的树杈状舌头，以极高的敏感度分辨着微风中的气味，连11千米以外的腐肉都成为囊中物。尖锐的牙齿，锋利的爪子，以及下颌的独特铰

在地球上生生不息已有成百上千万年了，科莫多巨蜥如今有些孤单地生活在动物园里

合部，使它的嘴在张开时就像粮库的大门——头、皮毛、整块的肉、骨头，什么都可以畅通无阻地进入肚腹。除了偶尔碰到动物的角或蹄子，它的消化液几乎可以分解所有的东西。据说，一只成年的科莫多巨蜥一次可以吞噬掉相当于它自身体积80%的食物。为此，不得不背上冷血杀手、隐形杀手的恶名。

它们不是天生的游泳能手，不轻易涉水。据说，1984年，一场大火席卷了帕达尔岛，岛上所有的食草动物在大火中化为灰烬。500只巨蜥忍受着饥饿，游了近15千米，穿越巽他海峡来到了云克岛和科莫多岛。

它们日复一日年复一年地咀嚼着旷世的孤独。在印尼，在科莫多及附近的五个小岛屿上，孤单地栖息在岩石或树桩下，在挖好的洞穴里。它们也不群居，独自晒着太阳，使得体液能够循环；独自捕猎食物，使得生命延续。阳光太灼热了，就找个浓树荫歇凉，打盹，养精蓄锐，好让自己跟同伴争斗时立于不败之地，以赢得配偶，终于为了种群不灭尽心尽职。

传说中，有一个半人半龙的公主，嫁给一个科莫多的男人，生下了一对双胞胎，其中一个是龙，一个是人，他们的后世子孙世代

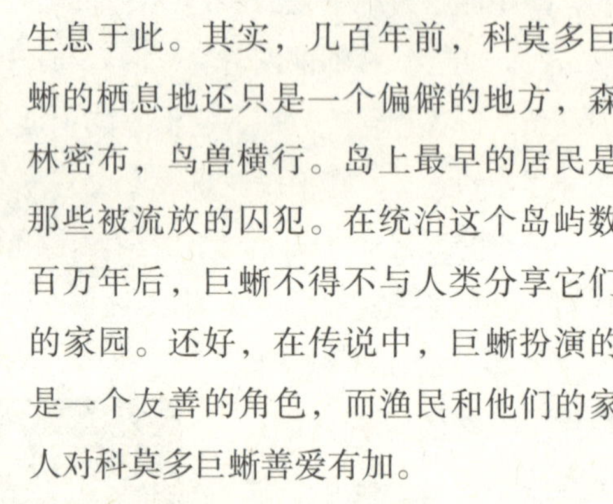

生息于此。其实，几百年前，科莫多巨蜥的栖息地还只是一个偏僻的地方，森林密布，鸟兽横行。岛上最早的居民是那些被流放的囚犯。在统治这个岛屿数百万年后，巨蜥不得不与人类分享它们的家园。还好，在传说中，巨蜥扮演的是一个友善的角色，而渔民和他们的家人对科莫多巨蜥善爱有加。

巨蜥的亲密接触

就算那几个小岛屿是它们的王国吧，它们的领地也是地球上任何一类大型食肉类动物所占据的领地最小的。就算人类能够仁慈地与它们和平共处吧，依然存活于地球上的同伴目前也只有5000只了，而且还在一天一天地减少。好在为了保护濒临灭绝的自然界的奇迹——科莫多巨蜥的存在，科莫多国家公园已被列为世界遗产遗址。

第六章　曼妙时光

印尼就像赤道上的百花园，开花植物多达1.5万种。花事纷繁，有名没名的花没完没了地开着，花香馥郁，令每一个生活在这片土地上的居民骄傲，也让踏上这片土地的游人沉醉。

穿衣一块布

“穿衣一块布，吃饭一棵树。”印尼老百姓眼里的生活就这么简单。穿衣，有一块巴迪布做筒裙就够了，往腰上一围，既美观舒适，夜晚又可御寒；吃饭，有一棵祖先种下的果树，便可满足口腹之需。

一辈子都喜欢做这蜡染的活儿

这“一块布”，通常是指巴迪布，以传统的蜡染工艺制成的纺织品。高档的巴迪布，精致的图案是巧妇们一针一线的手工绣成的。更精美的，还锦上添花绣上金丝作为点缀。那些优雅图案，有赏心悦目的花鸟虫鱼，有变化多端的几何图形，有对称或者不对称的各式图案……热带地区的万千物种，为聪慧的印尼女人送来源源不断的灵感。据说，有史记载的印染图案种类就达到3000多种。简单而丰富，朴素而隽永，浑然天成，淡然有味，这或许正是印尼民族

蜡染作坊，诞生美的地方，而灵感来自生活，来自大自然

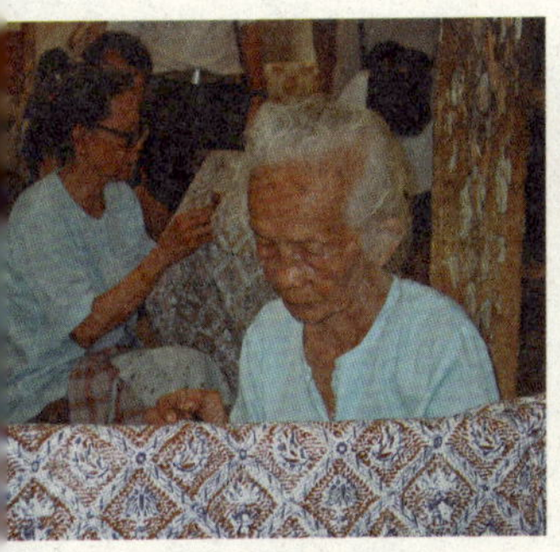

蜡染作坊

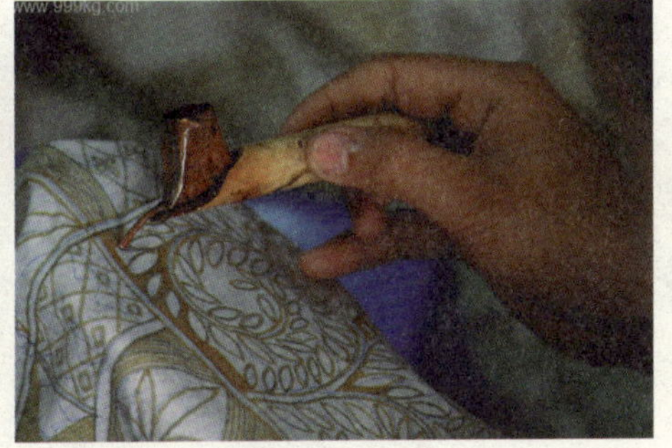

Batik是印尼的传统布艺

所要张扬的特色。所以，用巴迪布制作的长袖男衬衣，裁剪合体的女士纱笼，被定为印尼官方的正式服装——适于在各种正式和非正式场合穿着的国服。

据说，印尼从远古时代就出现了世界其他地区所罕见的染织工艺。其染织技术、花卉纹样具有朴素的原始性，而巴厘岛的“仁辛科”，还是世界上仅有的分经纬染色后编织而成的，一件服装需耗时数年。不过现在也极少见到，那是有身份的人在重大祭祀时才穿着的。

这样的“一块布”，还真是不简单。

所以，到印尼旅游，走在路上，常看见晾在竹架上自然风干的巴迪布，缤纷若花，就忍不住要亲眼去见识印尼的蜡染工艺。妇女们技艺娴熟，灵巧的双手有如雨燕在春风中翻飞。她们将白布洗净，涂上花生油，过浆，晾干，画图案，之后是最能体现功夫深浅的一环——染色。妇女们把白布平贴在木板或桌面上，接着是点蜡花，她们手持形状酷似鸟头的涂蜡工具，让蜡滴从盛蜡器皿下的小洞均匀地点到不需染色的地方，正反面各涂一次。这是关键，蜡要涂得均匀，如果涂得太厚，蜡与布中间会产生空隙，染料会从空隙中浸入；如果涂得太薄，就起不到涂蜡的作用。慢工出细活，耐心最重要。正像匠心独具的男人肯在木石上花费心思一样，为了制作出称心如意的蜡染，女人们愿意花两三个小时来涂一条巴迪布的蜡花。只要喜欢，又何乐而不为呢？

印尼的巴迪布，给了我一个迷恋的理由——别具一格的色彩，耐人寻味的花纹，以及渗透布质的天然气息……而这，正是我们衣服应有的味道吧。

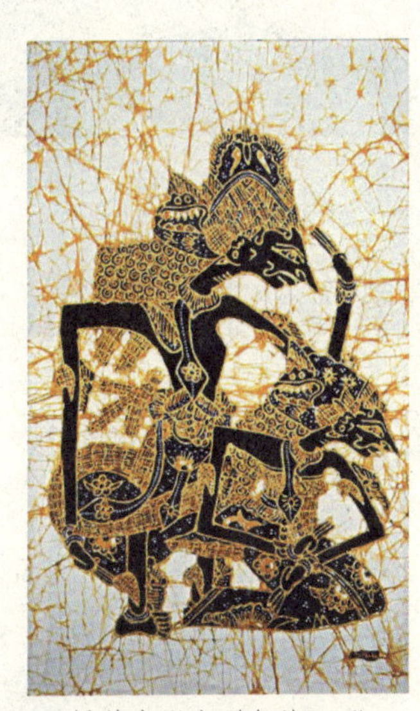

绣着皮影戏形象的Batik

浓香厚味催味蕾

印尼美食，很容易让人有吃的冲动

印尼人喜香，嗜辣，口味较重，很纯粹的热带风格。

色，香，味，三者之间，他们毫不含糊地在香与味上张扬风格。不是说他们不注重菜肴色泽上的赏心悦目，而是指相对的稍有偏重罢了。对于菜肴的喜爱，看中内在的滋味远比看中外观的颜色来得重要，因为满足嗅觉、味觉比视觉实在许多。故而，印尼花样繁多的菜肴，都是“香”字当头，“辣”字把关，特色就是多种香料加上辛辣。

现代印尼人仍习惯以手捏饭而食，觉得方便自在，吃起来似乎更有味道

印尼炒饭端上来了，你的味蕾也如花绽放了吧

这个国家盛产香料，便处处香氛浓厚，似乎是不用足用够便有浪费资源之嫌。主妇的厨房，必定少不了胡椒、丁香、豆蔻、咖喱粉、椰汁等佐料。辛辣来自印尼小红尖辣椒磨制的辣椒酱，美国、欧洲和中国香港等地出产的辣椒酱根本不过瘾。这种正宗的印尼辣椒酱掺进虾酱和虾膏，又多了浓烈的虾子味，很刺激嗜辣者的胃口。

和印尼文化一样，印尼的“辣”也是多姿多彩的。不同的区域，“辣”也各有千秋：西爪哇岛以酸辣为主；苏门答腊岛以纯粹的辛辣为主；而爪哇本族人却喜甜辣。但总的来说，以各式各样的香草和椰奶为常用材料，味道辛辣，带着淡淡的椰香，以沙爹系列、咖喱系列为最有名，这一点在各地却是大同小异的。

印尼人喜欢吃的沙爹驰名世界，其实就是我们也见过的烤牛羊肉串。沙爹的制作方式很讲究，先把鲜嫩的牛羊肉切成小块的薄片，然后浸泡在盐、糖、酱油和胡椒等香料制成的调料里，再用细竹条串起来，用炭火烤，用调料汁在肉串上撒滴，边烤边用芭蕉扇扇炭火。肉串散发的阵阵香味被风一吹一送，飘得满街香。哪怕你只是过客，也白白分享了许多香味。烤熟后，再蘸辣椒花生酱一起吃，味道鲜美得无法言喻。吃的人笑盈盈的，间或伸长了舌头舔嘴唇，露出一副在人间享福的神仙模样，真是好享受啊！

椰子汁，每餐都少不了的饮料

另一种声名远扬的菜就是咖喱系列了。比如用一只鸡做菜，中国人大多数会选择清煮。凡事喜欢慢慢来的印尼人，却会选择做一个咖喱鸡，用指天椒、红椒、丁香、桂皮做辅料焖上半小时后，再用咖喱、椰浆、姜末煮个几十分钟。越是慢活，越见功夫。最后，一道鲜香浓烈，口感爽滑的菜肴才香喷喷热辣辣地出炉。

这就很勾引食欲。往往是，食客还在海阔天空地闲聊，菜也未曾端上，而那关不住的一厨辛香，已经大摇大摆地穿堂而出扑鼻而来了。浓浓异香，不依不饶地把人的味蕾挑逗得如花绽放。等到亲口享受的时候，那曾经来来回回吞咽过多遍的口水便如春潮涌动，它们追随那厚而不腻的味道一发不可收拾起来。

可是，香啊辣啊往往叫人爱恨交加，怕肠胃招架不住就是啦。总之一句话，好吃不可贪吃，适可而止为妙。有时间的话，不妨留一点闲情，隔上一段距离，带一点欣赏之心来玩味印尼人的饮食文化，倒也有不少饶有趣味的细节。比如看当地人无拘无束有滋有味地用手抓黄姜饭吃，看他们将香蕉叶撕成片当盘子和勺子用，省去洗碗筷的麻烦，看他们饭后享用各种各样的热带水果……看着看着，便有些感慨：生活也一样，不要太复杂，有滋有味才叫好。

印尼人吃饭时常饮的果汁之一

楼高不过椰树顶

印尼人的家，有许多让人一眼能够看出来的独到。

印尼并非没有高楼。在首都雅加达，摩天大楼也是有的，不过，多是中心商业区或者办公大楼。许多印尼人，是把住在独门独院里当做居住的最高境界来追求的。

印尼政府明文规定，巴厘岛上所有建筑楼高不能超过椰子树顶。椰树的高度当然是有限的，一般不超过15米。因此，巴厘岛建筑多是宽敞的平房，四五层的楼就算是高楼了。乍一听，多少令习

巴厘岛原住民的房屋

来巴厘岛旅游观光的游客

惯电梯上下的“高楼族”吃惊。听第二遍，就会发自内心地佩服印尼人的朴实聪明。

巴厘岛的建筑不是样板，而只是对旅游景点开发要保持本国传统特色的一个美丽细节。

显山露水，是印尼建筑人的偏爱。邻里友爱，是印尼老百姓的偏爱。他们不愿意自己的视线被框住，风花雪月，天赐美景，要抬头不见低头见才是。也不愿意住高楼住得左邻右舍形同陌路，自己把自己弄得孤单寂寞。闲日子，就带上自家的小吃给邻居尝鲜，顺便也串串门，聊聊天。看看邻人晒豆蔻，雕木刻，染织布。哪怕足不出户，也可以望见燕子穿梭往来，闻到花香穿堂入室，这才是生活中惬意的事情啊。

生活在这装饰精致的房屋里，人的脸上便有了动人的笑

所以，不管栖身高级住宅区，还是蜗居穷乡僻壤，印尼人并不苛求自己的家富丽堂皇，他们只要住着舒服就足够了。

因而，大城市里住在独门独院里的富人，必定少不了栅栏围着的院子，院子里少不了草坪花园，少不了果实满枝丫的热带果树，少不了纳凉歇息的凉亭。在民间，人们的居所也有不少共同点。雨水多，尤其是雷暴雨频繁，所以，为了便于排水，民居的屋脊大都倾斜。而覆盖屋顶的用料则多是厚厚的椰树叶、竹芋叶、棕榈毛之类，可就地取材，又达到清凉隔热的效果。而雨水落在屋面的嘈杂声，很自然的被柔软的叶子吸收去了，变得婉转许多，这样就能够倾听屋后雨打芭蕉、屋前檐水滴落，是否是他们有意追求的效果呢？这就不得而知了。地处热带，房屋建材多为竹木，看上去薄薄的一层，清凉，透气，男女老少，光着脚板在屋宇里行止坐卧，也不会太在乎屋外人窥见屋中人有多少秘密。为了避免潮湿或者野兽的侵袭，有很多岛屿上的民居是高脚屋。

印尼各民族宗教信仰不同，审美不同，沿袭传统的民居风格就千差万别，各有特色。

爪哇人有着根深蒂固的等级观念。正如爪哇语有雅语、中等语和平民语之分那样，传统房形也是可以一眼区分地位高低的。房基是长方形，那是平民百姓屋子，房基是正方形的，则是王室贵族后裔的。

米南加保族民居

巴厘人的宅院可谓自成一统。院子分布井然有序：一间为家庙，一间客厅兼谷仓，一间厨房。家庙香火不断，那是家人祭祀和朝拜祖先神灵的圣地。一家一庙，虔诚之心天可怜见。巴厘人家的另一大特色自然是家居的艺术风格了。院门的牌楼上精雕细刻着各式各样的图案，此外，从雕刻了花纹的桌、椅、门、窗上，也是一眼能够读到生活的精致、细腻与优雅。多好。

米南加保族是印尼各民族中唯一在家庭中保留着母系制传统的民族，他们的传统房屋别具一格，在蓝天白云的映衬下，高大，雄伟，看上去气宇轩昂。“米南”的意思是胜利，“加保”的意思是水牛，连起来表示斗牛获得胜利。因为在传说中，本民族曾经为了避免与来犯者永世为敌，想出了一个斗牛决胜的妙计。为了纪念这样一次胜利，他们修建屋脊两端翘起的房屋，所以，屋脊两端翘起的部分就活似犀利的牛角。他们的高脚屋，在本地话里称“加当”屋，家里每增加一代人，屋脊上就增加一对牛角。一代一代地繁衍下来，那屋脊上的牛角就渐渐地多起来。走过的路人不经意间，就瞧见了那屋脊上的牛角，就明白了这家人人丁兴旺。

巴达族人性格豪爽奔放、剽悍骁勇，这一点似乎也写在了他们的住房上。其传统房有风俗房和普通房之分。前者是族长居住及举行风俗礼仪的地方，屋脊呈牛头状。后者为一般普通小家庭的住房，屋脊呈弧形，两端翘起的尖角上装饰着牛角或者人头雕像。这

米南加保族传统建筑“加当”屋，家里每增加一代人，屋脊上就增加一对牛角

两种房屋也有相同之处，墙面和山墙都铺着绵密厚实的棕毛，最引人注目的是一东一西的竹木墙壁，用黑、白、红、黄等颜色画着几何图形、人头像或者狮头像。地板也奇怪，倾斜着，不与墙壁垂直。

说来说去，依然还是列举不完。多拉查族的屋形像船，达尼族人高踞柱子上的圆顶茅草屋像伞，佛洛勒斯和帝汶岛的房屋高屋脊低房檐看上去像个锥形的蜂窝，达雅族的长屋够长，门达威族的“乌玛”屋够“酷”（19世纪前还保留着猎人头的风俗，家族圣地里珍藏着各种圣物，悬挂着世代仇敌的头颅），在加里曼丹一些河上生活的水上人家够自由（整座木房用几根粗绳拴在岸边大树上，解开绳索就能漂流搬家）……

家，不仅是遮风挡雨安顿身心的地方，也是向外界展现民族文化的地方。

岛国行趣

在一个岛屿星罗棋布、人口分布不均衡的国度，要把交通做得人人满意并不容易。相对而言，印尼的航空和海运是比较发达的。铁路动脉仅分布在苏门答腊岛和爪哇岛，最长的线路都能够朝发夕至。公路的质量虽然不是很高，但至少路网能够延伸到角角落落，成为人们出门谋生必不可少的选择。

雅加达也有高楼大厦，但人们似乎对红屋顶的旧房子情有独钟

日惹市的街头涂鸦

日惹市的三轮车

所以，在印尼出行，只要有一颗平常心，把时间的脚步放轻放慢，怀着悠哉游哉看世界的好心情，就能够体会到行程中的乐趣。说不定你反而会说：人生不匆匆，其行也快乐，其游也有趣。

且看且行

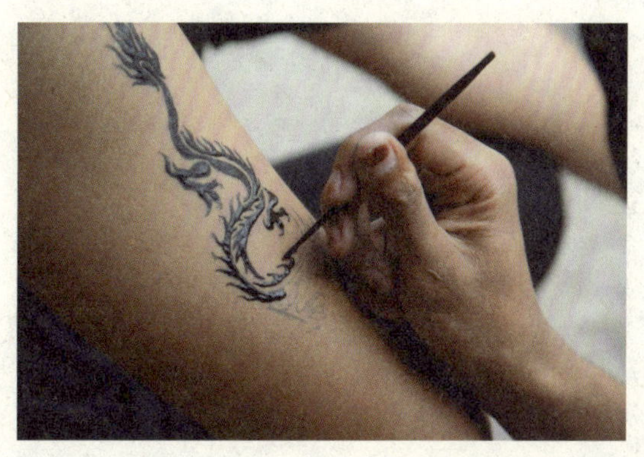
街头文身

在除去坐飞机和火车的情况下，搭车和渡船成了生活在印尼的人们外出的选择。

多雨，洪灾，火山，许多因素使得印尼的基础设施建设相对滞后，碰上塞车和颠簸也不要去埋怨，留得好心情欣赏自然风光和世俗风景倒也不错。

印尼公路上有一道奇异的风景——行进中的车辆只要在路上遇见乘客招手，就会停下来载客，行行停停，然而人们已经习以为常了。车在路上，遇上红绿灯或是车多的地方，便会遇见挎篮子卖杂货的人兜售饮料、丁香烟、报纸、杂志之类的东西。也会遇见操小吉他的年轻男子，在车子停下来时走过来对着车里的人唱歌，你要是喜欢，随便投几个零钱到他旁边的小铁罐里，要是车里人不愿意听，摆摆手，他们就会笑一笑很潇洒地走开了，不再纠缠。

日子就是这样慢悠悠地去享受

初次到印尼的游人会发现，世界上大部分国家是人、车靠右行走，而印尼的交通规则有所不同，车辆是靠马路左边开车的，交通标志也是设在靠左行的方向。

在印尼，司机违章受罚最怕的是“剃光头”——如果司机违章，就会被当场罚款，然后没收驾驶执照，最后还会被无情地剃光头发。不少司机对此心生畏惧，为了护住一头黑发，不敢轻易违章。

牛渡

印尼的牛渡很有趣，给人留下了深刻的印象。牛渡就是用牛充当渡船，出行的时候，要是不想绕圈子走远路，牛渡倒是理想的选择。

说起来，会让人联想起《西游记》里唐僧师徒西天取经途中的一幕——千年神

印尼大学火车站一瞥

雅加达机场候机厅景致怡人

龟驮着师徒几个横穿一条波涛汹涌的大河。在印尼，这种特殊的水上交通工具，是一种名字叫做“黑贝”的牛。这种牛躯体庞大，四肢粗壮，泅水能力强，能在河中长时间地泅渡。

“黑贝”泅水时，背部露出水面，十分平稳。人们在它背上放个颇有容量的树皮筐，人和货物都落坐在筐里，倒也稳当。赶牛人担任“渡船”的舵手，在他的指挥下，牛载着乘客从渡口游到对岸，或者根据需要，沿河游到更远的地方去。牛渡虽然速度不快，但它水陆通行，省去了由于河流的阻挡在陆地上兜圈子的时间，而且它十分安全，所以受到乘客们的欢迎。

万隆街头等客的车夫

16棵偷种的金鸡纳霜树

药材金鸡纳

最初落户印尼的金鸡纳霜树只有16棵。可是“星星之火，可以燎原”，有了合适的条件就能够创造奇迹。

那时候，16棵金鸡纳霜树苗像世间所有鲜为人知的秘密一样，不声不响，前程未卜，可是后来却把扎根的土地发展成为“金鸡纳霜大本营”。目前，印尼全国金鸡纳霜90%产自爪哇岛，金鸡纳霜产量占世界总产量的92%，产量居世界第一位。

金鸡纳霜，也称奎宁，是热病尤其是疟疾的特效药，是热带地区的必须药品。400多年前，人们对热带地区的流行病疟疾束手无策。病人不知死神何日来临地承受着病痛的摧残，健康的人则眼睁睁地看着身边亲人受苦却无能为力。直到17世纪初，殖民南美洲的西班牙人发现金鸡纳霜可以迅速治愈疟疾。那时候，金鸡纳霜树只生长在南美洲，西班牙人就垄断了金鸡纳霜的出口。自然，为了肥水不流外人田，他们严禁金鸡纳霜树苗自南美洲输出。

药材金鸡纳

19世纪初，英国商人偷偷摸摸地把金鸡纳霜树种撒到印度土地上，可惜因气候不宜而白费了心机。

到了1852年，荷兰政府秘密派植物专家潜入秘鲁，偷到了一批金鸡纳霜树苗，可是在出境时遭遇重重关卡，耽误了半年，树苗全死。1954年，荷兰政府再次派人神不知鬼不觉地偷回金鸡纳霜树苗。有了上次的经验教训做铺垫，这一次他们碰上了好运气，虽然500株树苗仅存活了16株。那一天，在万隆市郊外盖特山的山坡上，热带雨才刚刚停，地面潮湿，好风流淌，百鸟啁啾。费尽周折得来的16株金鸡纳霜树苗，凭借顽强的生命力，随遇而安，在异域的土壤里站直了它们因旅途奔波而显得孱弱的身子。最后，竟然站成一个奇迹。

无独有偶。15和16世纪，葡萄牙人在印尼发现了香料群岛，满载丁香而归，从此开启了一部丁香争夺史。后来，印尼沦为荷兰殖民地。为了垄断丁香市场，荷兰人焚毁了岛上几乎所有的丁香树，只剩下一两个严加看守的园林。18与19两个世纪，英法两国先后走私种子，偷偷移植成功，打破了荷兰独霸的局面。而随着亚非及加勒比海地区的广泛栽培，丁香的身价也从黄金等级降到人人都负担得起的日常香料。

天下事，如出一辙。

藤香·藤情·藤趣

“全世界最好的藤产自印尼。”这句话很叫人浮想联翩。

阳光充足，雨水充沛，空气潮湿，四季如夏。是呀，物种丰富的热带原始森林自然也是藤的王国。在那里，能够目睹世间最狂野的藤缠树情景：缠着，亲着，暧昧着，天长地久着，绵绵不尽着，地老天荒着，有着说不清道不明的含蓄，令人想起曼妙情爱的缠绵与坚定。

自命不凡的树，一往情深的藤，凭借各自的机巧拓展着生存领地。树族与桀骜不驯的阳刚男人没有多大区别：在风雨中挺立着，笑傲风云，枝杈疯狂地伸展手臂，仿佛一碰上好运气，出手就把日月星辰给你摘下来。藤蔓深谙以柔克刚的道家学说，它们不与顶天立地的树族相争。它们天生阴柔，擅长依恋，骨子里流淌着顺从的汁液。只要我有心，你愿意最好，不愿意那是你的美丽错误，反正是铁定要跟你到天涯海角了。

精美的手工艺品

那些进山割藤的印尼女子，有时候也有男人，视线被满目青葱染绿，脸上挂着的笑容包含很多的内容，既写着生活，又藏着情爱。虽然穿越树梢的阳光显得力不从心，可内心的光亮却很厚。

采割下来的藤蔓，最长可超

巴厘岛的传统民居，房屋前有卖传统的工艺品

过200米，像小山一样堆积在一起，等待去皮。女人或者男人亲手为它们脱去了紧裹着的衣裳，露出白色、黄色、紫色或者红色的身子：光滑，柔韧，饱满，有些炫目。山野的自然香味缭绕着，撩逗人的森林气息弥散着，动着手的人就狠命呼吸着，然后带着一点莫名其妙的悸动把捆扎好的藤束背回家。经过蒸煮、干燥、漂色、防霉、消毒杀菌等繁复工序，藤料才算加工好了。

在这个藤的国度，处处藤风弥漫。藤器制作有相当长的历史了，巧夺天工的藤艺充满印尼人生活的每一个细微角落。人们用藤制作既具实用性又张扬艺术性的藤柜、藤帘、藤床、藤桌、藤椅、藤几、藤案、藤屏风、藤架、藤篮……有些印尼女人还别出心裁地把藤编饰物作为随身的亲密之物，头上遮着精巧的藤编帽，耳际戴着藤耳环，手上拎着藤提袋，甚至戴藤手镯、藤戒指。你看看她从头到脚看似简单，却有不可言喻的味道。等那人走远了，你才意识到那份返璞归真的原始粗犷其实是另一种自然美。

稍不留神，又发现了令人目瞪口呆的杰作——浪漫的藤屋。人在居室里，藤如影随形，抬头低头睁眼闭眼甚至睡梦里都能够闻到藤的清香。屋外建一两个藤亭，围着藤篱笆，树下吊藤摇椅，偶尔可见在亭间边摇蒲扇边下棋的男人……那样的情景，令苦于红尘奔波的人心生疑惑：人家如此享受怎么就唾手可得呢?!

热带雨林也是藤的王国

此外，印尼人在享受着藤器带来的淳朴舒适之外，还创造了许多藤趣。

有一种传统的体育活动——藤球，在印尼盛行。人们用藤条编成空心藤球，空闲的时候，从角落里找出来，自个儿踢，像中国人踢毽子那样玩，也可以作为集体球类项目进行比赛。比赛时，在赛场正中画一中线，中线两端各竖一柱，中间架设一个比人头略高的网。打的时候，不用球拍，而是用脚踢、头顶、胸挡，但不许手碰。踢球的人，不仅在意比赛结果，还很在意形象优美。就有些像表演，看似随心所欲，其实也是刻意地踢出各式各样优美的动作来，叫观看的人为他的活力与洒脱心动。近年来，东南亚各国举行的运动会中，已将藤球作为正式的比赛项目。

而在盛产藤条的加里曼丹岛，那里的达雅人有一种用坚韧结实的藤条做器材的传统娱乐——有趣的拉藤条比赛。比赛方法和规则与拔河比赛相同，被拉倒的一方为输家。比赛紧张而激烈，在铿锵的锣鼓声中，昂扬的士气被激发了。推波助澜的，是拉拉队一阵高过一阵的助威呐喊声。比赛双方水平相当，队员手中紧紧攥着的粗藤就忽左忽右。相持的时间愈久，最后的高潮就愈热烈。

藤物之乐，就这样被有意无意地张扬着。

盛食品的藤器

印尼人与海

一个覆盖了全球1/80的面积的国度，一个拥有17508座岛屿的国度，一个国民分散居住在约6000座岛屿上的国度——绝大多数的印尼人，日常生活与海洋息息相关。

大海神秘莫测。大海喜怒无常。被大海紧紧搂抱在怀里的印尼人，很难说清楚对大海怀抱怎样的感情，喜爱有之，依恋有之，敬畏有之。究竟，爱与畏谁更多几分呢？人与海，是完全可以信任的吗？

举足向海

居住在苏拉威西岛西南部的布吉斯族和望加锡族，以擅长航海和造船闻名，捕渔业相当发达。他们不但在近海捕鱼捞虾，还经常出海数千千米，到伊里安查亚海、澳大利亚北部海域捕捞。自古以来，他们依靠自己制造的精巧帆船，航行于印尼各岛之间，从事海上贸易。他们甚至远航到马来半岛，在那里经商和定居下来，因而成为当今许多马来西亚人和新加坡人的祖辈。

布吉斯和望加锡人有句俗语："男儿的房间不在家里。"是说好男儿应该是敢于搏击风浪弄潮儿，志在四方，勇于闯荡，生活的道路才会越走越宽广。

为了让男孩子长大之后，能够成为堂堂正正的男子汉和勇敢承担家庭责任的父亲，长辈们从小就开始培养锻炼。十来岁的孩子，就整天跟着父亲风里来雨里去，学耕作，练捕捞，上山放牧，下田耕种，进深山老林采集或者狩猎。渐渐地，男孩的思想一日比一日成熟，生产生活技能也一日比一日精进，正像印尼谚语所说——"根深的树笑风狂"那样，开始天不怕地不怕了。这时候，父母亲就

雅加达码头一派繁忙

巴厘岛海边渔船

鼓励他们离开家乡，扬帆远航到外岛谋生去了。做母亲的，临别时只有一句话："孩子，去吧，做个好样儿的，别给父母丢脸！"

而在印尼南部梭罗岛沿岸的一个小村庄，因为岛上土地有限，那里的渔夫一直保持着最原始的捕鲸方式，从而成为世界上唯一用肉搏方式捕杀重达10多吨鲸鱼的捕鱼人。这种充满了危险的捕鲸方法已延续数百年。他们驾着的小木船，手握鱼叉短刀与世界上最庞大的动物搏斗。虽然，在这实力悬殊的战斗中鲸鱼往往是胜利者，但是，当在波涛中出生入死成了唯一的生存方式，也便别无选择。捕获鲸鱼后，村民们将平均分配猎物。一头鲸可以使2000余名村民一个月不用为食物担心，多余的鲸肉被晒干，然后用来和其他人交换大米等谷物。"世界绿色和平组织"曾经来岛上调查捕鲸。经过4个月的考察，他们对外宣布梭罗岛的捕鲸是合法的，因为当地人只是为了满足最基本的生活需求而捕鲸，与有些国家为了获取商业利益而大肆捕杀鲸鱼有本质上的不同。

巴厘岛头顶食物的女人

也有对大海深怀畏惧之心的，像四面环海的巴厘岛的居民。岛上有很多美丽迷人的金色海滩，但是，他们的屋宇无一例外的背对海面，面朝高山。信奉印度教的巴厘人富有艺术天赋，他们喜好音乐、舞蹈、诗歌和绘画，木雕和石刻声名远扬，但是他们面向高山寻找灵感，而海洋则被他们认为是危险的所在。这是个例外。

大海馈赠给印尼人无穷无尽的财富。但是，由于众所周知的原因，在印度洋海啸中，经历了惊涛骇浪的渔民们对于大海产生了本能的恐惧心理，使捕渔业遭受重创。

当然，对于大多数从海里讨生活的渔民来说，也许害怕只是暂时的，时间能够抚平灾难印下的痕迹。不久的将来，他们依然会再次回到船上，回到海上，回到风浪中。

头顶重物的印尼妇女依然行走如风

丁香·槟榔·草药

1

烟厂工人在生产

说的是香气浓郁芬烈的洋丁香，可以用做香料的丁香。与中国诗人戴望舒在《雨巷》里期待相逢的紫丁香不一样。

采丁香的人最懂得等待。当它尚未绽放，而粉嫩的花蕾初初泛红，香的气息仍然完美无瑕地藏在花骨朵里，此时采摘最易珍存它的浓烈香味。摘下来的丁香，浑圆的花蕾连着细长花梗，像一枚枚钉子，香香的花钉，叫丁香，或者你叫它洋丁香、丁子香、丁香包、香兜囊都不会错。

谚语云："丁香树只有在看得到山，闻得到海的地方才会生长。"印尼山多岛多海亦多，自然成了丁香的第一故乡。洋丁香来自热带，来自印尼的香料群岛，其中摩鹿加岛素有"丁香之岛"的美誉。在这个岛上，每当婴儿出生，就种一棵丁香树，以示庆祝新生。此外，他们将丁香串成项链，戴上避邪驱病。

印尼人有很深的丁香情结。饮食喜香嗜辣，自是不可一餐无丁香。据说是一个名叫哈吉的人患了轻微的气喘，他将丁香油抹在胸口上，觉得舒畅多了。他想，如能直接将丁香吸入肺里岂不更好？于

烟厂工人在生产

是，他把烟草和丁香卷在干玉米叶里来抽，结果治好了气喘。从此以后，印尼男人情有独钟地迷上了将丁香和烟叶混合后制成的称为“kretek”的丁香烟。吞云吐雾间，带着些许甜味，些许辣味，尤其是浓郁的丁香香味萦绕不去，男人就有些迷醉了。那些长期住在国外的印尼烟民戏言：别无他思，只想国产丁香烟。

据印尼著名的小说家、曾经多次获得诺贝尔文学奖提名的Pramoedya Ananta Toer说，丁香烟是印尼国家的味道。据说丁香之香，来得神秘而性感，充满了引人遐思的东方情调。大约，这正是印尼男人一往情深迷恋丁香烟的理由。

2

从印尼人咀嚼槟榔的习惯里，能够读出几许人生意味。

我没有尝试过，看着人家嚼就很新奇。上了年纪的阿婆笑容可

岛上的采药人

掬，似乎一嚼上槟榔，世间烦恼便可抛到九霄云外了。她示意说，很有滋味的，不然你也尝尝。我就跟着学，摊开的蒌叶，涂上黑儿茶和食用石灰，再包上切成块的槟榔，放进口中咀嚼，边嚼边忙不迭地把染红了的口水吐出……奇了，最初的时候一点都不习惯，结果却愈嚼愈香了。

中国元代许国桢著《御药院方》中说，先忍蒌叶之辣，乃得槟榔之甘；槟榔之甘，生于蒌叶之辣。看来，食槟榔，必须以蒌叶为佐料，谁也离不开谁。此一物彼一物，相互间也总是有搭配规律的。

还有句谚语说："槟榔浮留（浮留是蒌叶的别名），可以忘忧。"印尼人喜欢嚼槟榔，嚼着嚼着就忘记忧愁了。

3

在印尼莽莽苍苍的雨林中，有2万多种可以入药的动植物，几乎是中国记录在册的天然药物种类的两倍。

印尼人有用草药治病的传统。那些目不识丁的老妇，什么病用哪种草根煎服，什么痛该涂哪种叶子的汁液，她记得比谁都清楚。街上随处可见草药水贩子，摆卖的是一桶桶五颜六色的药水，都是搭配好的各种各样植物的根啊茎啊叶啊果啊浸泡而成的，还挺受人青睐的。

巴厘岛凯悦度假酒店的SPA

印尼人还把药草广泛用于美容，尤其是近几年风行世界的SPA上。SPA作为一种新式的休闲美容方式，利用天然的水资源，结合沐浴、按摩和香熏来促进新陈代谢，满足人体视觉、味觉、触觉、嗅觉和思考的享受。巴厘岛的SPA，泉水清澈，香氛纯净，环境幽雅，让人有如置身山谷的心旷神怡。这里的美容院，提供集头发、脸部与身体于一体的完整的美容服务，深受现代女性喜爱。据说SPA，也正是从这里诞生并发挥到了极致而蜚声国际。打着赤脚围着纱笼的印尼女子，犹如盛开的花朵坐在色彩斑斓的药草间忙碌，或洗，或磨，或捣，那场景本身就是一幅赏心悦目的图画。

不可一日无花

印尼就像赤道上的百花园，开花植物多达1.5万种。花事纷繁，有名没名的花没完没了地开着，花香馥郁，令每一个生活在这片土地上的居民骄傲，也让踏上这片土地的游人沉醉。

宁可一日无食，不可一日无花。印尼人爱花不是附庸风雅，不是装点门面，是骨子里的爱，与生俱来的。

色泽洁白、花香清雅的茉莉花，深受印尼人民喜爱，是国花，传递友谊之花。充足的阳光，湿润的气候，尤其适宜茉莉花的生长。田野上，栽种着成片成片的茉莉，各家各户的庭前屋后，也都种满了茉莉，甚至还有将其当树篱栽种的。茉莉花散发的芬芳汇成了香河，同时也源源不断地为印尼人民换来外汇。生活中，各种各样的人生礼仪和宗教礼仪上，处处可见茉莉花的芳踪。日常，也时时能够遇见拿茉莉花做装饰的人们，男人把花插耳际，女人不仅头上带几朵，耳上还插一朵。结婚时，美丽的新娘则爱把茉莉花串起来挂在胸口，把新郎香得晕头转向，飘飘然分不清东西南

跳莱贡舞的少女

身穿传统庆典服装的巴厘岛当地妇女

巴厘岛居民每天为神灵准备的供品——鲜花与焚香

北了。

花可为媒。巴厘岛的青年男女，婚姻属于自由恋爱，赶集是找对象的好机会。男青年走在路上，眼观六路，耳听八方。若是那擦肩而过的姑娘令人怦然心动，他神不知鬼不觉地采上一朵娇艳的鲜花，放进姑娘篮子里。姑娘发现了，倘若也心仪那男子，明眸一笑，就可放心谈起恋爱来。要是女方不中意，就把花拿出篮外，转身就走。这多直截了当啊，可是也够含蓄啊，不会让人害羞，或者丢脸面。

在印尼，还有不少人专门以卖花瓣为生。因为人们会隔三差五地祭拜祖先，在祖先墓前点安息香，供祭品，撒上什锦花瓣。对花瓣的需求自然就催生了卖花瓣的行当。

好花令人羡。古诗云，花开堪折直须折，莫待无花空折枝。这在印尼，尤其在巴厘岛却是行不通的。好花触目皆是，并不是人人都可以随意攀摘的。看花手痒的青年男女，几回想当盗花贼，总是及时地被制止。花有花神，树有树神，只能看不能摘，摘了就是亵渎花神。

那么，什么人可以摘花呀？

——结了婚的女人，在圣泉沐浴后，上香祷告后才能摘取。

巴厘岛上的石雕

编后语

历时近两年，终于将《东盟十国文化丛书》组稿编撰完毕。这是一个由作家、摄影家和编辑组成的团体不辞辛劳、共同努力的结果。

希望这套丛书能够为加强中国和东盟的文化交流与合作，促进中国—东盟自由贸易区的建设发挥积极作用。假如您打开这套丛书，踏上了东盟文化之旅，然后说，我比以前更多更深更感性地了解了东盟十国，那我们就深感欣慰了。

这是国内第一套从文化角度、以图文并茂的形式介绍东盟十国的丛书，因此，其艰难非比寻常。衷心感谢为之付出智慧和汗水的作家、摄影家、编辑和其他工作人员，衷心感谢参与审稿的广西社会科学院东南亚研究所的专家，衷心感谢为这套丛书提供文字、图片资料的有关单位和个人。

由于任务繁忙、时间紧迫、资料不足和水平有限，丛书存在的错误和不足，恳请得到广大读者的谅解和指正。

唐正柱

2006年9月

后记

本书的出版得到中国图片网、新华社、Readfoto等单位及摄影家的大力支持，在此我们衷心地感谢为本套丛书提供图片的单位和摄影家。

本书图片摄影者、提供者

（以姓氏笔画为序）

Readfoto
第4页（下）
第11页
第12页（下）
第22页（上、下）
第26页（下左、下中、下右）
第27页
第28页（下）
第29页
第30页
第32页（上）
第34页（中）
第42页（下右）
第46页（中）
第50页（上）
第56页（上、下）
第57页
第58页
第61页
第62页（左、右）
第68页（上、下）
第72页（左）
第76页
第77页
第78页
第79页
第80页（上）
第82页
第113页
第114页
第115页（左、右）
第118页
第125页
第126页（上）
第134页
第135页
第136页
第137页
第138页（上、下）
第142页（下）
第144页（下）
第145页
第146页（左、右）

中国图片网
第17页
第21页（下）
第26页（上）
第28页（中）
第52页（上、下左、下右）
第54页（下右1）
第80页（下）
第83页
第84页
第85页（上）
第86页（中）
第87页（左、中、右）
第139页
第141页
第141页（上）

老　央
第3页（下）
第5页
第6页（下）
第10页（上）
第21页（上）
第31页
第32页（下）
第38页
第39页
第40页（下）
第41页（左、右）
第42页（上、下左）
第48页（上、下）
第50页（下）
第54页（上、下左2）
第63页（中）
第64页（上、下）
第70页（上）
第71页
第73页（下）
第85页（中）
第86页（下）
第100页（上）
第124页（下左、下右）
第133页（上、下）
第143页
第144页（上）

杨　飞
第4页（上）
第7页
第8页（下）
第9页
第12页（上）
第13页（上）
第14页
第15页（上、中）
第40页（上）
第45页
第51页
第66页
第73页（上）
第89页
第93页
第94页
第95页（上）
第96页（上）
第97页（左、中、右）
第105页（上）
第121页（上中、下）
第130页
第131页（上、中、下）

第132页（上）

杨奉达
第2页
第6页（上）
第18页
第20页（下）
第24页（下）
第25页
第33页
第34页（下）
第35页
第36页（上、下）
第44页（上、下）
第46页（上）
第47页
第49页（左、右）
第53页
第54页（下左1）
第55页
第69页
第70页（下）
第81页
第90页（上、下左）
第91页
第92页
第95页（下左、下右）
第96页
第98页
第99页
第100页（下）
第101页（下左、下右）
第102页（左、右）
第103页
第104页（下）
第105页（下左、下右）
第106页
第116页
第117页（上）
第120页（上、下）
第121页（上左、上右）
第122页（上）
第123页
第124页（上）
第126页（中）
第128页（左、中、右）
第140页

杨晓强
第3页（上）
第8页（中）
第10页（下）
第13页（下）
第16页（上、下）
第19页
第20页（上）
第23页
第24页（上）
第43页
第54页（下右2）
第63页（上）
第67页（上、下）
第72页（右）
第90页（下右）
第104页（上）
第109页（上）
第117页（下）
第119页
第122页（下）
第127页（下）
第129页
第132页（下）
第147页（上、下）

新华社 艾尼瓦尔
第110页
第111页
第112页（上、下）

新华社 宋晓刚
第107页
第108页（左、右）
第109页（下）

新华社 赵金川
第74页
第75页

图书在版编目（CIP）数据

印度尼西亚·千岛牵手 / 李金兰著. — 南宁：广西民族出版社，2006.10（2012.12重印）
（东盟十国文化丛书 / 沈北海主编）
ISBN 978-7-5363-5194-3

I. 印… II. 李… III. 文化史－印度尼西亚
IV. K342.03

中国版本图书馆CIP数据核字（2006）第118127号

东盟十国文化丛书
YINDUNIXIYA · QIANDAO QIANSHOU
印度尼西亚·千岛牵手

主　　编：沈北海
副 主 编：崔智友
执行主编：唐正柱
著　　者：李金兰
出 版 人：韦家武
终　　审：方　铁　朱俊杰
总 策 划：韦家武
策　　划：方　铁　周克依
文字总编辑：黄启洲　隆海人
美术总编辑：朱俊杰
特约编辑：严风华
英文翻译：黄忠电
责任编辑：黄启洲
美术编辑：黄　莹
装帧设计：田其斌
制　　作：佳来美来
责任校对：韦彩娟　黄春燕　吴　艳
责任印制：蓝　锋
出版发行：广西民族出版社
地址：南宁市桂春路3号　邮政编码：530028
发行电话：（0771）5523216　5523226　传　真：（0771）5523246
E-mail：CR@gxmzbook.cn
印　　刷：柳州市彩之星印刷有限公司
规　　格：787mm × 960 mm　1/16
印　　张：10.5
字　　数：180千
版　　次：2006年10月第1版
印　　次：2012年12月第2次印刷
书　　号：ISBN 978-7-5363-5194-3
定　　价：36.00元